次第花开

藏人精神保持愉悦的秘密

希阿荣博堪布◎著

海南出版社

HAINAN PUBLISHING HOUSE

图书在版编目（CIP）数据

次第花开 / 希阿荣博著．

—海口：海南出版社，2011.3（2020.4 重印）

ISBN 978-7-5443-3479-2

Ⅰ．①次… Ⅱ．①希… Ⅲ．①佛教—文集　Ⅳ．① B948-53

中国版本图书馆 CIP 数据核字（2010）第 187963 号

次第花开

作　　者：希阿荣博堪布

监　　制：冉子健

责任编辑：孙　芳　张　雪

装帧设计：水玉银文化

责任印制：杨　程

印刷装订：河北盛世彩捷印刷有限公司

读者服务：蔡爱霞　郄亚楠

出版发行：海南出版社

总社地址：海口市金盘开发区建设三横路 2 号 邮编：570216

北京地址：北京市朝阳区黄厂路 3 号院 7 号楼 102 室

电　　话：0898-66830929 010-87336670

电子邮箱：hnbook@263.net

经　　销：全国新华书店经销

出版日期：2011 年 3 月第 1 版　　2020 年 4 月第 21 次印刷

开　　本：880mm × 1230mm　　1/32

印　　张：9.75

字　　数：200 千

书　　号：ISBN 978-7-5443-3479-2

定　　价：39.80 元

献给我的根本上师
法王如意宝晋美彭措

希阿荣博堪布

我常在傍晚时分，顺山间小径转绕。时有虔诚的牧民等在路边献上灿烂的笑容和问候，又听见不知何处有转山者在欢快地歌唱。

宁静山岭上，圆圆的太阳，白白的月亮，升起落下，日复一日。

岁月静好，天地空阔。愿远方弟子皆同此安乐！

雪山空谷　暮更沉寂　犹闻转山者歌声
朗朗月色　寂静玛尼　愈思前贤过往事
普愿众生　同我心愿　能于诸法善思维
希求作为　可怜自缚　生死牢狱无出期
伤人至深　莫若言语　护口如捧滚油行
苦恼生涯　五毒刀箭　以智悲心化花雨
勿扰众生　道心永固　圣者教言　莫违亦莫忘
拳拳我心　愿众欢喜　千里遥寄　吉祥祝福音

希阿荣博
于农历戊子火鼠年除夕

目录

再版前言

　　《次第花开》正式出版是在 2011 年，那已是五年前的事了，时间过得真快。说"正式出版"，是因为在那之前已经有等不及的读者自发地把我陆续刊登在网站上的这些文章结集印制成册并四处赠阅。"正式版"出来后，一再加印，到如今五年过去，依然有再印的需求。想想每年有多少新书涌现，读者的选择又广泛多样，这样一本读起来不算轻松、内容也不新奇有趣的书，非但没被市场淘汰，反而不断吸引着新的读者，这种情形的确让人意外。

　　据有些读者说，他们喜欢这本书的一个重要的原因是它贴近生活，"看得懂"——没错，这是一本讲佛法的书，但书里的内容并不会让他们感觉遥远，自己平日遇到的很多问题、面对的苦恼和困惑，自己的情绪、感受和反应，在书里都能找到。我很高兴这本书让一些人对佛法修行产生了亲切感。

　　其实，佛法原本就不是笼统僵化的说教，也不该是仅限于学者、专业人士在小范围内研究、实践的高深学问和专门技术。佛法中最幽深的理论，也是与我们当下的身心活动紧密联结的，也是为了解决现实人生中遇到的问题的。

　　记得早期我有一篇文章，讲的是如何在日常生活中发现安乐。文章的开头讲到，有人问我：怎样才能安乐？我说：放下执着就安乐了。这若是标准化考试，毫无疑问，"放下执着"，我答对了；可是这种标准化的答案对一般人来说，能在多大程度上解决他的问题呢？我有点含糊。

　　什么是执着？怎样算放下？这都需要解释，而且不只是概念上、理论上的解释，更确切地说，是要指认——现实生活里的经验，外在的情境，内在的情绪，要一一用指头点在上面说"这是执着""这是执着"，只有这样才能让人真正开始有点明白佛法究竟讲的是什么。这于我是一个新的体验。我从小所受的佛法教育和我的生活经历，使得佛教中很多的概念、思想对我来说已然内化，它们是不需要解释的。在很长一段时间里，我没有意识到，当我向别人，尤其是那些有着与我迥然不同文化、教育背景的人，讲述这些概念时，我是需要从头细说的，否则，他们可能只是得到了一个标准化答案，却无从解除现实的苦恼。

　　可是，止息烦恼不正是我们学修佛法的原因吗？

　　什么是烦恼呢？它是看不见也摸不着的，但如果我们肯诚实地检视自己的生活，就不难知道什么是烦恼，它无处不在，生活简直就是完全由点点滴滴的烦恼构成。而烦恼的止息，也只能从现实人生中每一个当下入手。

　　佛陀成道后，并没有马上把他所悟到的究竟真理向世人宣讲。

他说：止，止，我法妙难思。真理幽微难思议，说出来恐怕也没有人能领会，不如沉默。后来，是在梵天、帝释天的再三启请下，佛陀才开始宣讲法要。他讲的是什么呢？苦、集、灭、道四谛法门。"苦谛"是认清生活中苦恼普遍存在的事实；"集谛"是分析苦恼的成因；"灭谛""道谛"是讲苦恼的止息及止息的方法。

我们现在知道佛陀之后又二转法轮、三转法轮，进一步宣讲了更为深奥的空性、如来藏等法教，但他并没有一开始就讲这些，而是引导人们去观察自己的日常生活，慢慢体会生活的内容虽然五花八门，缺憾忧苦却是一以贯之的。

看到人生中苦恼此伏彼起、相续不断的事实，是学习佛法的第一步。这不是很有启发性吗？

《次第花开》中很多文章，都在努力以一种贴近日常的方式讲解着佛法。我希望这样做能够让读者知道：修学佛法不必等到将来你变得更好或更糟的时候，而是从自己当下所在之处开始，也只能从这里开始。

有一位居士某段时间因为工作、生活的压力，变得焦虑，易怒，整个人状态很不好，烦恼重重。他跟我诉苦，我就问他："你学佛是为了什么？""为了解脱。""什么是解脱？"他默然。我说："解脱，就是没有烦恼。你带着满心的烦恼，又想在何时在何地获得解脱呢？烦恼不在别处，在你心里；解脱也在你心里。"

我们无法去外面找一颗现成的没有烦恼的心来移植到自己身上，也别想某天早上醒来突然就发现自己改头换面成了个"解脱的人"，没那么神奇，也没那么容易。

我们唯一能做的只有面对当下，回归内心，与烦恼开战。

佛陀宣讲的众多法要，都是在教我们如何贴近自身经验，以自身为中心去修行。我不是说大家应该自私。我的意思是，要从检视自己的身、语、意入手，把重点放在对治自己的贪、嗔、痴上面，而不是去挑别人的错，或者急于"度化"别人。

如果不贴近自身经验，诚实地看待发生在自己身上和心里的一切，并将佛法运用其中，我们很容易会在修学的过程中偏离解脱烦恼的初衷。

比如，你会成为越来越娴熟的"佛教徒"，跟所有人都客气，"随喜""赞叹"不离口，可是你心里没有多少善意。事不关己时，你能做到"八风吹不动"，而真正的问题出现时，你的反应跟不学佛的人是一样的，既没有对自身的觉察，也没有对正法的忆念，只是任由情绪肆虐、言行失当。这说明长期以来我们都荒于贴近自身而修行，无法随时提起对内心感受、欲望、情绪的觉察，更没有当下出离的心力。

"出离"，是常常被误解的一个词。关键是我们要弄清楚出离什么。佛法中讲的出离，是指出离烦恼。凡事有因才有果，烦恼也是这样，有其产生的原因。要远离烦恼，必须远离烦恼的因。根据《瑜伽师地论》，烦恼产生有六因：潜伏在识田里的烦恼种子、对境、随学恶友、听闻不正确的法教、串习、颠倒作意。彻底断除烦恼的种子，需要达到证悟的圣者的境界，这不是普通人短时间内能够做到的，但我们可以做到远离其他五因。就像没有阳光、雨露等等催生条件，种子不能发芽一样，普通人也能通过远离这五因而阻止烦恼现前。这样压伏烦恼，也可以说是一种出离。

所以不必再纠缠于"出离"是需要出家还是远离出家，是需要厌世还是远离厌世。要知道，这些都是形式，而烦恼在内心。

有的人出家后，因为生活环境、生活方式变了，接触的人和事、所见所闻都不同了，以前的很多烦恼没有了对境、恶友、串习等产生条件，烦恼自然就减少了。也有人出家后，烦恼依旧甚至更重，因为他还在串习，还在颠倒作意，或者发现了新的对境。

厌世也是同样的。有些人的厌世本身就是贪心、嗔心、执念深重的表现，而有些人的厌世则是源于对真相的洞见，看到世间种种追逐的无结果无意义，正如以前的大成就者所说：世间的事就像儿童的游戏，可以一直玩下去，可是随时停下来，也就结束了。

你永远得不到你想要的，因为没有什么是你真正想要的，你内心无法填满的缺憾、不满足感，不是因为你还没有得到，而是因为你还在轮回中。

我们应该警惕一种矫枉过正的做法，就是刻意追求所谓"出离的出离"。什么意思呢？比方说，你本来通过持守戒律远离烦恼恶业，可是有人说持戒也是一种执着，需要远离，于是你不持戒，并认为这是更高明的出离。你本来想出家修行，可是你被告知出家也有烦恼，也是执着，只要内心清净，出不出家都一样，于是你打消了出家的念头。以此类推，因为关键在内心，所以外在的形式，比如皈依、闻思、供养、布施、禅定、精进等等，都不必要，甚至都应该去打破，应该反过来做。

其实外在形式到底有没有必要，有多大的必要性，取决于你的修为。你的修行境界若确实到了那个程度，外在的东西不对你形成干扰，你可以不在乎形式。但这也只是对你个人而言，可以不必在意；至于会不会给其他人带来负面影响，使他们对佛法产生误解，这是另一件需要考虑的事。

以前印度有八十位大成就者，看看他们的传记，你真的要被他们出格的举动吓到，藏地也有这样的大成就者，可是我们要明白：首先，他们的修证境界非常人所能揣测；其次，他们没有炫耀。他们当中很多人终生以平凡者形象示人，处于社会底层，为人所轻贱，没有人知道他们是佛法修行者、大成就者，也就没有人会因为他们的"疯狂"行为而对佛法产生邪见，或者随学他们。有的大成就者长期在尸林禁地修行，那里人迹罕至，非信心具足、真心求道者不会去，因此不相干的人是不大有机会看见他们如何行事的。

现在则不同，在这个资讯发达的时代，一言一行，影响的都很可能不只是身边那几个人。过早地让初学者接触佛法中高深的见解和行为，不会对他们有什么帮助，就像婴儿还只能吃奶的时候，你拿大块牛肉喂他，他能好么？

对初学者而言，很多所谓的"形式"都是必要的。它们好比是船，载我们渡越烦恼生死之河。登上解脱彼岸后自然不再需要船，而尚在河中央的人，急着离船岂不危险？

我们实在该好好思考一下有关"出离"的问题。

不过,这个事情其实也不是那么复杂。藏传佛教许多宗派都有外前行的修法,通过反复思维串习"暇满难得、寿命无常、因果不虚、轮回过患"来培养出离心。无数的前辈修行者以他们的经验告诉我们,肯老老实实照此去修,出离心就一定能生起来。这样的出离,保证没错。有时我不禁奇怪:捷径就在面前,为什么还是有那么多人喜欢走弯路?

暇满难得、寿命无常、因果不虚、轮回过患,细想想,这不就是对我们生活的描述吗?还有什么能更准确地概括出生活的基本特征?当我们观修这些前行时,也就是从不同侧面检视、反省我们的现实生活呀。贴近生活而修行,说的正是这个意思。

现在有一种流行的说法:生活即修行。但我想很多人都误会了,以为过生活就是在修行。其实不然,这至少不是佛教所说的修行。举例子说吧,你经历过悲欢离合,这不是修行,只是经历;如果你在那悲欢离合间体认无常、缘起、因果,这是修行。生病,本身不是修行,借由生病而认识到与生俱来的脆弱、忧苦,由此生起出离心,或推己及人,由此生起悲悯之心,这是修行。

所以说,生活本身不一定是修行,但如果你能把生命经验、顺境、逆境、苦、乐,用于巩固你的出离心、菩提心、空性的见解,这才是修行。大概只有这个时候,你才可以说:一切都是上师的加持。否则,对多数人而言,经历、遭遇不过循业流转,轮回如是,怎会都是上师的加持?

由于缺乏心的训练，一般人的心力微弱，如风中之烛摇曳不定，因此一个相对清净、较少干扰的环境对修行来说是至关重要的。然而，恐怕没有很多人能够随时从工作、家庭、学业中抽身而去，到远离喧闹的寂静地专心修行。怎么办呢？我们仍然可以通过内心的转化，比如运用寂天菩萨在《入行论》中传授的种种修心之法，于日常而超越日常，为自己创造一个随身携带的寂静地。

当然，这话说起来容易。对治烦恼是一个艰难漫长、充满挫败的过程。理解并掌握某些对治的技巧，并不意味着你就能做到。可能在相当长的时间里，你面对的唯有失败，没有成效，不断失败。无著菩萨当年在鸡足山苦修十二年，连一个吉祥的梦兆都没有，更不用说各方面远不如他的我们了，尝不到成功的滋味不是很正常么。别忘了我们的对手是无始以来形成的惯性，所谓积重难返，不要期待靠一时的努力就能扭转它。

尽管如此，我们还是要不断地努力，如果我们不想再一次在烦恼忧苦中终老，直到死亡悍厉地出现，而我们知道这一切混乱还没有结束。一开始就做好不断受挫的准备，会令我们更强韧，也走得更远。

愿我们将佛法运用到当下的经验中，并因此而解脱自己及其他众生的苦。

希阿荣博

2016 年 6 月

前言

　　这本书，其实早在它成书之前，就已经以不同的版式和文本在许多人手中流传。近几年来，菩提洲网站陆续刊登了我的一些文章，有感怀昔人旧事的故事，有佛法修行中个人的观察和体会，也有与弟子和道友们的谈话记录，等等。零零散散，不成系统。

　　没想到，文章发表后受到不少读者的欢迎。他们纷纷表示，希望能将这些文章结集成书，以便阅读和携带。无奈我这一年多来疾病不断，又要处理繁杂的事务，出书之事一拖再拖。有些人实在等不及了，便自己把喜爱的文章打印出来，装订成册，配上封面和插页，赠给亲朋好友。今年年初，又有弟子再次提出结集之事，希望我能应允。我想，既然那么多人喜欢这些文章，又有人愿意将它们编辑、整理、印刷成书，似乎万事俱备，我也就欣然同意了。

　　本来，登地以上的菩萨、亲见本尊或者精通经论的修行人才有资格著书立说、阐释佛法。而我只是一介凡夫，之所以把自己点滴的学佛经历和感受整理成文字，是为了与更多佛弟子、对佛法感兴趣者，或对精神修持感兴趣者分享与交流，这或许对一些人消除思想及修行过程中的某些困惑，能有所帮助。由于我个人的局限，文章中对佛法的诠释和引申难免出错漏，在此我祈求诸佛菩萨的宽宥，也请诸位读者看在我真诚菩提心的分上，勿多怪咎。

从最初的设想到最终的成书，这个过程中有许多人贡献出智慧、信心和努力，虽然这些弟子不希望我公开他们的名字，我还是要在这里再次表达我深深的谢意。感谢帮助我翻译、整理、校对文字的道友，没有他们，我的很多想法无法以如此流畅优美的汉语表达出来。我还记得曾经无数次我们一起查阅藏汉字典，为了一个字、一句话而反反复复地核实、推敲的情景；感谢为我录音并把录音转换成文字的道友，我知道这项工作极其烦琐，费心费神；感谢所有为这本书的成形付出努力的人。

希望这本书能启发大家对佛法的兴趣和思考，鼓舞大家更喜悦、更自在地生活。

我的根本上师法王如意宝平生最大的心愿就是众生皆往生西方极乐世界，于胜妙莲池中，次第花开，花开见佛，亲睹如来无量光，现前授予菩提记。在法王如意宝的万德庄严面前，我是这样卑微、惶恐。我把自己全部的信赖和祈祷，连同这一本微不足道的小书，献给他老人家。

次第花开，花开见佛，这也是我的心愿。

希阿荣博
藏历铁虎年神变月十日
莲花生大士节日
2010 年 2 月 24 日

第一部

珍宝人生

人生充满烦恼，但如果能以烦恼为契机去勘悟世间万象的本质，从烦恼入手去实现止息烦恼的最终目的，那么这样一个充满烦恼的人生就是我们解脱的最好机缘。

《珍宝人生》，又是一篇谈佛法与人生的文章。现在这一类的文章很多，不知道我再写这一篇又会有多大的帮助，但不管怎样，我希望它至少不会增添大家的困惑。

| 第一章 |

珍宝人生

因果一旦成熟，任何行动都无法阻止果报的显现。如果痛苦、尴尬在所难免，我们最好让自己有所准备。

导读

顶礼大恩根本上师法王如意宝！

《珍宝人生》，又是一篇谈佛法与人生的文章。现在这一类的文章很多，不知道我再写这一篇又会有多大的帮助，但不管怎样，我希望它至少不会增添大家的困惑。

有人说这种讲道理的文章不能太长，长了，读者就没耐心读完它，而我的文章似乎都比较长，看来的确颇考验读者的毅力。

我有时也想，要紧的话得赶紧在前面说完，留到后半部分再说，大概效果要大打折扣。不幸的是，这次新年教言结果又是长篇大论。很多人坚持读完了，却不明白一篇关于疾病的启示的文章，为什么要东拉西扯地说上那么多。痛苦、无常、无我、因果、菩提心、暇满难得，大圆满外前行的主要元素都凑齐了，可是元素与元素之间有什么关系呢？

我本想把这个问题留给读者去思考，但很显然大家没有这个时间，我只好再写一篇小文介绍《珍宝人生》的结构和基本思路，希望有了导读，大家阅读时能感到轻松一些。

文章从我最近一次生病说起，讲到轮回中痛苦的普遍存在。当年释迦牟尼佛初转法轮，首先演说的即是苦谛。痛苦乃轮回生命的常态。如果对痛苦没有正确、深入的认识，就不会寻求解脱。这是文章第一部分的内容：苦。

痛苦并非凭空而来。根据佛陀的开示，造成痛苦的根本原因在于我执。要真正止息痛苦，只能从破除我执入手。所谓我执，是指认为自身以及外部世界都是无须观待条件而绝对和常一地存在的。事实上，万事万物并不像人们以为的那样坚实存在，而是依赖各种内在和外在的条件一刻不停地生灭，因此不具固有性、恒常性，也就是无我和无常。具备无我的见地之后，经过反复观修、体认，我执便会逐渐弱化。

与无我相比，无常是更容易理解，也更显而易见的。观察无常能令我们比较快地体验到无我，所以文章接下来先讲无常，再逐渐过渡到无我。无我的含义远比无常深广。释迦牟尼佛二转法轮宣讲四法印的时候，也是从诸行无常开始，由无常讲到诸法无我。

无我指事物不具有绝对的自性，但并不是虚无主义。事物之所以无我，是因为它随缘生灭，缘起则生，缘灭则灭，这便是因果。在任何时候、任何情况下，缘起都同时具有两层含义：空性和因果。讲无我是讲空性，讲无我也是讲因果。鉴于很多人在建立无我的见解时忽略因果的问题，所以我在文章中特别提到从因果的角度理解无我。

以上是文章第二部分阐述的主要内容。

无我是佛教最独特也最深奥的见解。能听闻到无我法门是值得庆幸的，但对真正寻求解脱的人来说，仅在理论上理解无我还不够，要彻底解脱痛苦必须证悟无我，所以接下来文章第三部分讲到如何在生活中修无我。

同样地，在生活中修无我也要双管齐下，既要体认事物的无自性，通过有意识地削弱对自身和外物的贪执来减轻痛苦，又要重视因果。我在文中举了藏地（注：本书中"藏地"指西藏、青海、甘肃、四川、云南等藏族集中居住区）高僧大德们的一些事例，其中特别谈到有关涉及三宝之物的因果取舍问题。这里需要进一步说明的是，如果是僧团共有之物，出家人不得私自取用，也不得私取公物赠予他人或布施给其他众生。法会供斋时，僧团的每位成员只能享用自己应得的一份饮食。至于参加法会的在家人是否也能与僧众一起用餐，这要看为法会供斋的施主的发心。如果施主供斋的对象是所有参加法会的人，在家人便可以享用法会上供应的饮食；如果施主供斋的对象仅是僧众，在家人便不能享用法会上供应的饮食。关于因果取舍，我们务必要严格依据教证、理证，不可想当然，不可信口开河。

随着无我的见解和体会不断深入、巩固，菩提心便会油然而生。我们终于确信一切都是无我的，这使我们前所未有地感受到自由的滋味，而世界上还有那么多人、那么多众生因为不知道无我和因果而仍然在枉受痛苦。想到这一点，我们便会情不自禁地要去帮助他们了解缘起性空的道理，好让他们不再冤枉吃苦头。这种希望众生离苦得乐、究竟成佛的发心，就是菩提心。

文章第四部分主要讲的是在生活中踏踏实实地修菩提心。根据大乘佛教的教义，菩提心与空性智慧在根本上是无二无别的。实践当中，树立无我的见解有助于激发、巩固菩提心，修菩提心反过来也是体悟空性最便捷有效的途径。初学者不具备无我的见解也可以先修菩提心，修到一定时候就会证悟空性了。

文章到这里，由痛苦一步步讲到智悲双运，虽然为了压缩篇幅，很多问题都仅是点到为止，却也算涵盖了佛法修行的主要次第。如何去修，我们基本明白了，剩下来就是下功夫真正去修行。文章最后一部分讲暇满难得，希望大家都能珍惜光阴，善用此人身好好修行。

华智仁波切在《普贤上师言教》中仔仔细细列出十八暇满、暂生缘八无暇、断缘心八无暇。我知道很多人看《普贤上师言教》时，都是把这一部分跳过去，直接看后面更有趣的章节。可是上师们为什么要不厌其烦地讲这些看似枯燥琐碎的内容呢？

因为我们真的不知道暇满人身——这个可以用来修行正法、寻求解脱的人身有多么殊胜。我们需要更仔细地去观察自己以及周围的人的生活，就像我在文章中说到的那样，结合实际去体会在这个世界上要具备得人身、业际不颠倒、闻佛法、生正信等等条件何其困难。

同时，文章第五部分也是对前四部分的总结。人生充满烦恼，但如果能以烦恼为契机去勘悟世间万象的本质，从烦恼入手去实现止息烦恼的最终目的，那么这样一个充满烦恼的人生就是我们解脱的最好机缘。反转无始以来的惯性模式，需要付出极其艰巨的努力，而世事无常、人身难得易失，所以务必要抓住此生的机会奋力修行。

这便是我写作《珍宝人生》的基本思路，应法慧等弟子的请求，在此做一简单介绍。

希阿荣博

藏历铁虎年一月二十三日

2010 年 3 月 8 日

一

自从我病情加重以来，菩提洲网站每天都收到大量来信，询问我的情况。我内心感激之余，也暗自庆幸在这岁末年初的时节生这一场病，令远近许多人发愿放生、供灯、持诵经咒，实在是病有所值。

生病本是人生寻常事，这世上没有人不曾生病，但大多数时候也只是自己忍受病苦的同时连累身边的人一起担心操劳，谈不上有多少积极的意义。当身处逆境时，不妨有意识地训练自己以更加现实的态度去面对生活的考验，看看从逆境中能得到什么于己有益的东西。很多情况下，疾病会成为我们培养出离心和菩提心的好机会。

根据佛陀的开示，解脱是从认识痛苦开始的。 人在病中，也许能比平常更深刻地认识痛苦。日常生活里让人不如意、不开心、伤心、烦恼的因缘是那样多。一年三百六十五天，非在愁中即在病中。

但是，人们总是不愿意承认这个事实，认为探讨苦的话题是不妥的。遇到问题和麻烦，一般人惯常的反应是尽力逃避或假装什么事也没发生。然而一旦生病了，尤其是大病，就再不能说"一切都很好，没有问题"或者"那是以后的事，现在不用担心"。我们不得不暂停下来想一想，痛苦是怎么回事，而人生又是怎么回事。

佛经上把痛苦分为三大类：苦苦、变苦和行苦。 所谓苦苦，就是显而易见、不折不扣的痛苦，比如身体和精神的创伤，病痛、恐惧、生离死别。人人避之唯恐不及，谁也不会把它们误认为是别的东西而想去追求、亲近。

变苦是指通常被我们理解为快乐的种种体验和现象，因其本质为苦而终将由快乐变成痛苦，比如现代人的很多烦恼和疾病都是由于饮食不当造成的。吃喝是生存必需的条件，好的饮食会令人感到愉悦，但这种愉悦不会随着饮食量的不断增加而增大。如果其本质就是快乐的，你吃喝得越多应该越快乐才对。然而，过度饮食让人感到不舒服，甚至会导致多种疾病，这说明饮食的快乐里包含着痛苦。

人们的生活方式、自以为快乐的一些行为，像长时间使用电脑、看电视、开车，熬夜唱歌、跳舞、喝酒等，都会造成疾病。

同样，相聚是快乐的，但天下没有不散的筵席，相聚的快乐里隐含着分离的痛苦；恋爱是快乐的，而相爱容易相守难，恋爱的快乐里隐含着争吵、猜忌、怨恨的痛苦；年轻貌美是快乐的，只是岁月无情催人老，年轻的快乐里隐含着衰老的痛苦；为人父母是快乐的，可把那样娇小脆弱的生命抚养成人，要付出多少精力。提心吊胆、不寝不食，这其中又有多少辛苦！升职加薪是快乐的，不过压力和焦虑也随之而来，办公室政治升级，各种关系处理起来令人头疼。个人财富增加后如何保管、保值和分配，都是操不完的心。仔细思量，人们生活中每一项快乐都含带着日后的痛苦。

较之苦苦、变苦，行苦是一种更深刻也更细微的痛苦。它是指陷于轮回的众生整个存在状态的无奈和不圆满。身心受到业力牵制，被种种烦恼束缚。普通人的生命皆是由烦恼中来、到烦恼中去，全然不得自主地流转，流转。

具体而言，人间的痛苦又分成八种。无论贫富强弱，所有人都无可避免要经历生、老、病、死的痛苦。除此以外，人们还在不同条件、情况下各自感受怨憎会、爱别离、求不得、不欲临的痛苦。

我们可以通过健身，严格遵守合理的作息、饮食规律，避免某些疾病，但想完全不生病却是不可能的，保养得再好的身体迟早也会出现这样那样的问题。生病了，我们就得吃药，也许不能出门，不能做自己想做的事，不能吃自己想吃的东西；若是大病，我们还要住院，动手术，接受漫长而痛苦的治疗，日日夜夜同病痛抗争，有时候甚至觉得生不如死。

衰老也是无法逃避的痛苦。如果我们够幸运，没有夭折，那就不得不面临衰老的尴尬。头发越来越少，皱纹越来越多。明眸皓齿变成老眼昏花和一堆假牙。以前的事情记不住，后来连眼前的人也认不出。在我们最需要别人照顾、帮助的时候，我们衰老的样子却是那么令人反感、憎恶、不愿接近。我们只好孤独地等待死亡。死亡意味着离开自己亲爱的人、心爱的东西，抛下珍惜的一切，而我们最终却期待死亡的降临，仿佛那是一种解脱，好让我们不再孤独。

承认痛苦的普遍性，看似悲观消极，实则不然。如果你把痛苦纯粹当作一种负面经历，总在想方设法避免它，或者认为痛苦是一种失败的表现，要是自己能力足够，一切都摆得平，就不会有痛苦。如果你这样想，毫无疑问，当问题、挫折出现时，你会感到分外压抑、焦虑和不公平。"为什么倒霉的总是我""凭什么让我受这些苦"，你觉得自己是天底下最无辜、最可怜的人。或者你跳起来指责、抱怨，说："这都怪某某人，如果不是他那样做，我就不会有这个问题。"

这样做也许能暂时缓解焦虑和恐惧，却无法真正解决问题。某些情况下，逃避反而会加重我们的焦虑和恐惧。缺乏对痛苦的包容和忍耐，令我们脆弱不堪，打击、挫败接二连三，生活真的变得比较惨。反过来，如果我们认为生活中有痛苦是正常的，人生本来如此，我们就能更好地集中精力处理问题本身，而不是无谓地纠缠在愤愤不平的情绪中。这种情绪只会增加挫败感和怨气，却丝毫不能帮助我们富有建设性地应对生活的难题。

接受痛苦的客观存在后，我们要进一步了解它。拿疾病来说，如果我们有一定的病理常识，就知道如何相应地调整生活习惯，防患于未然或减轻病情。而不是像人们常做的那样，非要等到病发了才意识到问题的严重性，因为毫无准备而措手不及甚至悲观放弃。在疾病与其他的痛苦面前，我们其实完全有可能保持尊严和从容。

某些情况下，我们能够利用自己对痛苦的熟知，通过破坏其形成的条件去阻止某项痛苦生成。然而，我们同时也应该了解：生活中很多局面不是我们所能控制的，也不是事到临头能改变的。因果一旦成熟，任何行动都无法阻止果报的显现。如果痛苦、尴尬在所难免，我们最好让自己有所准备。这样做的好处是，虽然该面对的问题还得面对，该经历的痛还得经历，我们却不再那样感到苦，不必再承受额外的恐惧和焦虑。

寂天菩萨曾说："问题若有办法解决，就不必担心；若没办

法解决，担心也没有用。"

　　当疾病降临的时候，我们可以试着运用寂天菩萨的窍诀去应对问题。从医学的角度说，无论是传统还是现代医学研究都证明，健康、放松的心态有利于治疗，而负面的态度和情感，如愤怒、怨恨、忧虑等，会对身体造成损害。

　　痛苦普遍存在，生活不可能完美无缺或总是称心如意。由于这个见地，我们终于可以放松下来，不再急于逃避和指责，甚至不再想尽办法化解，因为我们知道：只要有这个身体在，我们就必定经历衰老、病痛、死亡；只要心里还有贪执、嗔恨、困惑、傲慢，我们就必定感受痛苦。

二

　　在不乏痛苦的人生面前，如果我们就此放弃希望、垂头丧气，那未免太愚蠢。对痛苦进行观察和思考之所以有意义，是因为我们有可能、有希望从痛苦中解脱出来。

　　佛陀宣讲苦谛，目的是让我们认识轮回中生命存在的痛苦本质。对痛苦的了解越深入、越全面，我们就越被激励着去实践离苦得乐的方法。

　　痛苦和快乐不是凭空而来，它们都有各自形成的原因和条件。

　　佛陀说，一切痛苦的根源在于我们长期以来对自身及外部世界根深蒂固的误解，执幻为实。

万事万物皆依赖各种内在和外在的条件而生灭，因此不具固有性、恒常性，用佛教的术语说，即无我和无常。

无常并非佛陀的发明，他只是指出了一个显而易见却总是被人忽视的事实。时间刹那不停地流逝，冬去春来，花开花谢，人有悲欢离合，月有阴晴圆缺，万事万物都在变化之中，这就是无常。无常乃事物普遍具有的性质，可是人们往往要到迫不得已的时候，突然遭受变故、生病、别离，才会去注意它的存在，所以人们误认为是无常带来了痛苦，而实际上造成痛苦的不是无常，而是对无常的恐惧。

克服这种恐惧有两个办法：一是熟悉无常，二是了解恐惧无常的原因。

大概很多人都有过类似的体验：越是怕一个东西，就越不敢看它，越不敢看它，就越害怕。人们与无常的关系就是这样。如果能转过身来，面对面地好好端详一下，会发现无常并不像想象的那么可怕。倘若没有无常，离别的人就永远没有相聚的机会，生病的身体就永远不可能痊愈，黑夜永远等不到白天，低落的心情永远快乐不起来。这样的世界不是很糟糕么？

经常地观察自己和周遭的人事变迁，会让我们熟悉并逐渐接受无常。我们不再想方设法减少脸上的皱纹，为日渐松垮的小腹发愁，为离别而心碎，对成败耿耿于怀。我们终于开始学会冷静理性地看待生命之流变，意识到不是只有自己在失去、在衰老、会生病、经历挫折、没有安全感。每个人的生活都充满变化起伏，有得有失，这是普遍的，也是自然的。

熟悉无常令我们的内心真正放松而开阔，另一个好处是我们因此更加珍惜人生，懂得佛法修行的意义。

虽然我们常说人生苦短，但心里真实的感受却是来日方长，要做什么事情，以后有的是机会，急什么？人们总是认为无常离自己很远，不要说旁人的生离死别与自己无关，就算是自己遭遇重大变故，比如罹患疾病、亲友去世，也很难从根本上改变对无常这个基本事实的习惯性忽视。正在麻将桌上的人们，不会因为身旁电视里正在播放的地震灾难的镜头而停止围城酣战。疾病康复的人们很少因为曾经经历的病痛和危险，而认识到自己倾尽全力去追求的名利对生命来说其实没有太大意义，与之相比，内心的平和富足、亲情友情、慈善助人的行为等对自己更有帮助，更容易产生幸福感。

我们是一群得了严重健忘症的人。受苦受难、哭天抹泪、心灰意冷，全架不住健忘，一转眼工夫，又哪儿热闹往哪儿赶。不是说大家不能积极乐观，而是在乐观的同时应该意识到人生何其脆弱、短暂。我们的身体逐年衰老，终将死亡，在生与死之间还有疾病和各种事故的侵扰，一生当中可以用来积累福慧资粮、追求解脱的自由时间并不多，而我们却把这宝贵的人生浪费在琐碎、无聊的事情上，努力想去维持正在不断消逝的事物，甚至为此造下恶业。

当人生走到尽头，除正法外，什么都帮不了你。纵然富有四海，也带不走一针一线；位高权重，也带不走一奴一仆，就连最为珍爱、精心保护的身体也不得不舍弃。那时，唯有恶业对你有害，除此以外哪怕整个世界都与你为敌，他们也无法向你射出一支寒光闪闪的箭。

我们不喜欢无常，因为它总在试图向我们传达另一个让人深感威胁的信息：任何事物包括我们自己在内都是"无我"的，都没有永恒、固有、实存的性质。事物皆观待因缘而生灭。

因缘是指促成事物形成的各种物质及非物质条件。因缘具足就会产生现象，因缘缺乏现象就不会产生，因缘变化则现象变化，因缘消失则现象消失。这就是我们通常说的缘起。

"此有故彼有，此无故彼无，此灭故彼灭。"

因为事物都是缘起的，不可能恒常不变，也不可能有一个不需要条件而自生自有、完全独立的"自我"。这彻底打破了我们对安全感的幻想，多么令人绝望！

然而，像无常一样，无我也只是事物普遍具有的性质，它本身不好也不坏，只是因为人们坚持认为事物是固有、实存的，并且认为只有这样，人生才有立足点，才会幸福，所以极力抗拒"无我"的观点。

的确，不要说体悟无我，就算在概念上初步理解"无我"，都是一件极为困难的事。我们以及我们周围的万事万物不是明明存在的么，我们有各自的身体、思想，我不是你，你不是他，桌子、墙、水，都看得见摸得着，怎么会无我呢？

龙树菩萨在《中论》、寂天菩萨在《入行论》的智慧品中，对无我进行了完整、详尽的阐述。这里，我们只结合现代人的日常生活，对无我的观点做一个简单的介绍。

认为事物具有稳定性、持久性，是一种错觉，若加以分析，就会明白其中的谬误。拿我们自己来说，我们是为了方便指事和沟通，才说"我""自己"，其实找不到一个固有、实存的"我"。如果说肉体是我，那么减肥之后，我是不是就不完整了，不再是原来的我了？若如此，那有一部分"我"去哪里了呢？实际上，减肥之后，我们觉得自己当然还是原来的自己，不但没有缺损，反而更加完美。肉体无论是增加还是减少，也就是说，无论是一个胖的身体还是一个瘦的身体，我们都认为那是"我"，那么"我"就是可变的，可变的事物不具有永恒性，而是随着外部条件及内在成分的改变而时刻变化。既然时时在变，哪里还有一个实存的我呢？可见，以肉体为我，不过是一种幻觉。

如果血液、体液、内分泌物是我，那么每次出汗、流泪是不是"我"都在变小？如果张三的血液就是张三，那么当他向李四输血后，根据血液是"我"的假设，新输入的血液就是李四，而这些血液来自张三，前面说了，张三的血液就是张三，这么一来，岂非李四就是张三了？从另一方面来说，同样的血液，既能在张三体内流淌，又能在李四体内流淌，恰恰说明血液不是"我"。构成人体的地、火、水、风四大元素都可以如法炮制加以分析。

其实，得出"身体不是我"的结论并不难。看看以前的照片，那个被人抱在手里，还没长牙，只知道傻笑的小孩真的是我吗？那个我到哪儿去了？如果那个是我，现在看照片的这个人又是谁？

一般来说，一个人的身体，作为处于连续不断、无穷无尽的逐渐变化中的聚合体，会存在几年、几十年或者上百年，而思想、情绪、感受等心识却是念念生灭，更不具常一性。如果身体不是我，刹那变化的心就更不可能是我了。

然而，**无我并非断灭**。生命是前后相似相续，非断非常的。现在的"我"与过去的"我"，固然早非一事，却又相续不断。何故？因果不虚也。生命的迁流可以理解为一系列前后传递的因果关系。在前的肉体和精神影响在后的行为，每一状态的生起都依赖之前的状态，生生不息，变化不止。死亡不过是一种比较深刻的变化而已。因果的传递不会因为死亡而终止。

人是无我的，物也是无我的。自然科学的发展让无我的概念更易于理解了。所有物体都可以一再分解，由分子、原子、质子、中子、电子等佛经上称为微尘的东西组成。这些微尘根据一定的结构、比例关系不停地高速旋转、运动，所划出的运动轨迹被人们误认成实在的物体。就像夜晚手拿一支点燃的香快速划圈，会看见一个光环，而光环并不实存，只是香头划出的轨迹在视觉上产生的错觉。

如果把人体放到显微镜下观察，会发现常人眼中执为实有的这个身体消失了，变成水、钙、磷、铁等矿物质，各种气体及碳水化合物等。若进一步调大显微镜的倍数，上述这些物质又消失了，变成一堆分子。分子再分解，就出现原子，如此无止境地分解下去……

大乘佛教中观派的著作中对此做过详尽的论述，认为常人看似实有的东西与虚空无二无别。当然现代物理学的发展还没有最终印证这个观点，佛教内部也存在不同见解，但不管怎样，到目前为止的科学研究成果已具有足够说服力，使人们相信没有实存、常一的我，即使物质分解到最后不是虚空，而是有一个终极微小的物质单位，这个单位也不可能是"我"，否则，每个人身体里都会有数不清的"我"，而同时"我"也存在于空气、水、泥巴里，这样又回到开头的问题：如果有实存的"我"，那么哪个是"我"？

三

能够听闻到无我的观点是值得庆幸的，它给了我们一个观察宇宙人生真实面貌的全新视角，也是一服止息痛苦的妙药。但是只在理论上理解无我还不够，要彻底解脱痛苦必须亲证无我。

探讨无我的问题，目的不是做智力游戏，而是为了有效地息灭痛苦。

佛经上有一个绳子和蛇的比喻：某人在黑暗中走进一间房，误以为地上的绳子是毒蛇，因而惊惧万分。此时若有人告诉他那只是一根绳子，不是毒蛇，他或许将信将疑，但心里的恐惧不会完全消失。如果把灯打开，在他亲眼看见地上是绳子而不是毒蛇的刹那，他的心里便彻底没有恐惧了。

同样道理，我们在轮回中，因为错觉、误解，把因缘和合、念念生灭的东西执着为实有、常存，而感受各种痛苦。现在虽然听佛陀宣说了无我的道理，在理论上知道痛苦的根源在于我执，但我们还是会有痛苦。只有当证悟无我时，困扰我们无量劫的痛苦才会在当下消失。

如果我们不去努力证悟无我，而只是把无我的观点当作一种知识储备在脑子里，就好比一个病人把医生开出来救命的药方当文章欣赏，而不去按方抓药、治病救命。光读药方是治不了病的。懂得无我的道理之后，应该把它运用到日常生活、修行中去，时时处处体认无我，这样才能真正有效地对治痛苦。

初学者很难直接体验到无我，但可以经常提醒自己：一切事物都是无我的。不断强化这个观念，也会相当有帮助。比如生病了我们一般会说："我不舒服！我很痛！我很惨！"这时候如果我们提醒自己：没有我，只是这个肉体的某些部分、某些功能出了问题，不舒服、疼痛也只是一时的感受，而感受随时在变化。仅仅是知道没有一个实存的我在生病、在受苦，都会令心里的焦虑、恐惧放松很多。

我有一位弟子，一次不小心割破手指，他痛得倒吸一口凉气，自言自语地说："我执真强！"这给了我极大的启发。无论是肉体还是精神感到痛苦时，就对自己说这是我执，而不要把它当成什么大不了的事。这能帮助我们更轻松地面对、承受痛苦。

很多时候，我们倾向于把当下纯粹的苦受扩大，演绎成悲惨的故事，甚至是连续剧，掺杂进太多不相干的情节、评判和议论。

本来割破手指，找出创可贴自己包扎一下就没事了。可是有的人不去找创可贴，反而坐在那里想：太疼了！流血了！伤口如果感染就要得破伤风了。破伤风可是会要命的！如果真有个三长两短，我的孩子怎么办？房子怎么办？还有人欠我的钱，他大概就不会还了。我还有很多计划没实现，这么早就离开人世，太不公平……如此想着，这位割破手指的老兄可能就真的惊吓、悲愤交加而发心脏病了。

这个例子听上去有些极端，不过在日常生活中，我们对很多事情的反应不是与这很相似么？

无我有助于减弱对外物的贪执。

比如，在一般人的价值观里，钻石和石墨可以说有着天壤之别，但实际上两者并不像人们想象的那么不同，它们是同素异形体，是同一种元素的不同形态。

钻石和石墨都是纯粹由碳原子构成，只不过由于碳原子的排列结构不同，硬度、结晶色才产生差别。钻石是目前最硬的物质，石墨却是最软的物质之一，钻石光芒璀璨，石墨却没有光彩。然而，钻石并没有不变的钻石性，石墨也没有不变的石墨性，根本上说它们都是碳元素。

可是由于人们的妄执，两者被赋予不同的价值。钻石被镶在王冠、项链上，成为财富、奢华的象征，而石墨却只是磨成粉和黏土一起用来做铅笔芯。很多人对钻石梦寐以求，得之喜，失之悲，对同样由碳元素构成的石墨却毫不在意。

我们就是这样把自己的攀缘心、分别念、错觉投射在物体上，执着贵贱美丑，枉受痛苦。

事物无我，却能随缘显象。这其中发挥作用的一个重要规律是因果律。

曾有对佛法完全不了解的人问我："如果让你用一句话概括佛教的信仰，你会说什么？"我想了想说："信佛就是相信因果。"

佛法的无我、空性等观点虽然殊胜，但一般人不容易理解，若陷入断灭、顽空的观点中，见解和行为便会与正法背道而驰，那样的话，觉悟、解脱就遥遥无期了。我认为初学者从最基本也是最重要、最易于实行，同时也是最深奥的因果入手，会比较稳妥、有效。

从实践的角度简单地说，相信因果就是诸恶莫作、众善奉行、自净其意。如果不想感受痛苦，就舍弃会带来痛苦的心念和行为；如果想快乐，就培养会带来快乐的心念和行为。

有人会说："我学佛精进，行善积极，可为什么还会遭遇不幸、坎坷，而有的人净做坏事，却逍遥快乐。这不是没有因果吗？"

我在以前的开示中曾提到：人们的一言一行、起心动念都会产生相应的后果，有些行为的后果很快显现，而有些行为却要等很久以后才能看到它的结果。就像野草的种子播进土里不久就会长出草来，而青稞播种后却要等来年才开花结果。

因果真实不虚。如果一个行为的果报今生没有成熟，而你也没有采取任何行动阻止它成熟的话，它一定会在下一世或更晚的时间成熟。所以，我们今生的遭遇不全是今生造作的因果，有一些是前世的因在今生成熟的果，今生的因所产生的果也有一些要到后世才显现。

行善积德却遭遇不幸，《金刚经》中有一段话可作为解答：

"善男子、善女人，受持读诵此经，若为人轻贱，是人先世罪业，应堕恶道，以今世人轻贱故，先世罪业则为消灭，当得阿耨多罗三藐三菩提。"

行持善法创造出新的因缘，改变了原来的因果，所以重罪轻罚。本该在后世以更惨烈的方式体现的果报，在今生投身为人尚有取舍的自由时成熟，以后就不会再受此一报了。

日常生活中的因果取舍要谨慎，涉及三宝之物，尤其是僧众饮食的因果取舍更须细致入微。

当年喇荣五明佛学院供斋，就如何处置僧众当天未吃完的食物的问题，法王如意宝曾专门召集全学院的堪布、活佛讨论。因为供斋的食物是僧团的共同财物，若处置不当会招致严重果报。如果把吃剩的食物倒掉，是浪费，也是不如法的。若把供斋没吃完的食物给小动物吃，给的人和受的动物都将造作下地狱的业。同样，把没吃完的食物给人吃，给的人和受的人也都将造作下地狱的业。

大家查阅各种经典并经过深入讨论，最后决定：供斋期间，当天没吃完的食物应该卖掉，用所得的钱第二天再买食物供斋，如此循环直至终竭。

法王如意宝曾经说，有时觉得自己往生肯定没问题，心里为此很高兴；但有时又想到小时候在洛若寺出家，大家都很疼爱他，除了每人定量分得的一份食物外，管家们常常额外给他一些吃的。因为这个原因，自己有时会害怕不能往生了；也很为当时的管家难过，他们也背负了严重的果报，如今不知他们在哪里。法王如意宝常请学院僧众为当时的管家们念经，加持他们早日解脱。

受到法王如意宝的影响，我对涉及三宝之物的因果取舍也非常谨慎，去寺庙讲课、访问等从不轻易吃僧团的任何食物，万不得已要在寺庙用餐的话，也必定交给寺庙相应的钱。

佛经中有云：**涉及三宝之物当中，僧团的食物因果最为严厉。**如果有人把佛像身上的衣服、饰品等拿来自用，之后心生惭愧悔恨，再买新的衣服、饰品等装饰佛像，并励力忏悔，这个罪业有可能清净。然而，居士享用僧众的食物，或者出家人享用自己本分之外的僧团共有的食物，即使后来归还并忏悔，此罪业也无法完全清净。

以前，托嘎如意宝的弟子白玛旺扎堪布在札熙寺讲学时，特别强调修行人要重视取舍因果。他自己的行持就为大家树立了很好的榜样。

堪布一无所有，走到哪里只随身背一筐书。寺庙冬天开法会，僧众烧火煮茶煮粥。一天的法会结束后，有的僧人便把未烧尽的木炭拿回自己的小屋用于取暖。白玛旺扎堪布每次都会拿同等数量的木柴来换取已用而未烧尽的木炭。他说："僧众的食物自不必说，就是僧众共有、已使用过的木炭，拿去自用，是不是要背负果报，也很难说，还是谨慎一些为好。"

我们平时说话，哪怕是探讨佛法，都应该非常小心地取舍因果。

我年轻时跟随才旺晋美堪布学习，堪布常常说他曾经造了一个深重的恶业，为此他一直在忏悔。有时课堂上跟我们讲起来，他都会后悔得直掉眼泪。

当年他在佐钦熙日森佛学院学习时，从拉萨哲蚌寺来了一位格西，口才佳，好辩论。有一天，上师格日堪布讲中观，格西进来坐在一旁听课，态度不是很恭敬。格日堪布讲课的风格不是口若悬河、滔滔不绝，而是慢慢讲，娓娓道来。上师讲到空性的非有、非无、非非有、非非无时，坐在才旺晋美堪布身边的格西把上师的话重复了一遍，边说边摇头，大不以为然。堪布为此不太高兴，下课便找到格西，要跟他辩《俱舍论》。格西辩到中途出错，一下被堪布抓到把柄。堪布得意地说："世亲菩萨和他学派的所有后来者都没这么说过，你这个黑皮（因为格西长得比较黑）真是信口开河！"为这一句话，才旺晋美堪布后悔不已，并且终身不再与人辩论。

四

世间一切事物、一切现象都依赖各种因缘，念念生灭，没有什么是完全孤立、自给自足的。

了解无我，可以帮助我们淡化分别念，认识到倾尽全力去搭建自我的堡垒、坚守人我的区别和界限，不仅是痛苦的，而且是徒劳的。我们因此更能理解、体谅别人，更容易与外界形成和谐的关系。

菩提心的训练之所以可能，正是因为我们看到万物相互依

存、息息相通的事实。

每次去医院，看见病房、走廊、大厅里到处是人，老的、少的，生病的、陪伴病人的，哭喊的、沉默的，每个人都在受苦。我的心里充满悲伤，真希望自己能做点什么让他们快乐一些。疾病使人们比平常更加脆弱、敏感。这时，来自他人的关爱，哪怕只是一句真诚的问候、一个体谅的微笑、一个谦让的表示，也会对患者有帮助。

最近一次去医院，有弟子帮忙联系了快速通道，不需要排队直接就接受了体检。很感谢这位弟子，他工作非常忙，那天却抛开所有事务，一大早就陪我到医院，前前后后地打理安排。

检查完出来后，听说这家医院的体检中心一天只能接待十来位病人，普通病患通常需要提前好几个星期甚至几个月预约、排队，才能得到一次检查及与医生面谈的机会，我的心情一下沉重起来。想到因为我的插队，后面的病人不得不等待更长时间，有的重症病人多耽搁一天，病情就会多恶化一步，有的病人从外地来，住在条件很差的旅馆里等待接受检查，每多滞留一天就要多花一天的住宿费，对很多贫困家庭来说，一天的住宿费也是一个不小的负担。我觉得自己不但没有帮助减轻他人的痛苦，反而无意中增加了他们的痛苦和麻烦，心里难过极了。

我们常说利益众生，然而，"众生"一不小心就会成为我们心中一个抽象的集体名词，而不是出现在我们生活中形态各异却具有同样的觉知能力、能感受痛苦和快乐的一个个生命。

我们往往因大失小，担心过于关注眼前的个体，会导致失去整体的视角和心胸。所以，口头上对"众生"充满感情，行动中却对近在身边的亲友、同事们的身体痛苦和精神孤独熟视无睹。

的确，作为大乘佛弟子，我们永远不能忘记尽虚空界无量无边的众生的福祉，但同样重要的是，我们不能忽视因为各种因缘来到我们面前，需要帮助和关爱的每一个有情，他们来世以及今生、日后以及眼前的安乐。

佛教许多经论中都谈到痛苦及痛苦对觉悟的意义，历史上也有大量修行人终身选择比一般世人更艰苦的生活方式。

不过，这并不意味着我们认为痛苦是美好的，是所有人都必须追求的。一切众生都希望得到快乐，这一点毋庸置疑。我相信我们存在的目的就是为了寻求安乐，为了获得满足感。总是提醒自己，众生在这个层面上的共同性，有利于我们培养同理心、同情心，也能让我们更加顺利地发展菩提心。我在本书第三部"走出修行的误区"菩提心一章中，讲到了生起、巩固菩提心的具体方法，这里就不再赘述。

普贤菩萨曾发愿：十方所有诸众生，愿离忧患常安乐，获得甚深正法利，灭除烦恼尽无余。这正是对愿菩提心的具体阐释：其一，希望众生远离挫折、痛苦、磨难，经常感受快乐；其二，希望众生真正趣入正法，信受奉行，由此摆脱轮回的痛苦，并最终灭尽烦恼，成就无上正等觉。或许我们遇到的大多数人都不求出离轮回，只求眼前离苦得乐。不管怎样，我们还是应该尽己所能地去帮助他们，让贫穷的免于匮乏，让患病的得到照料，让孤独的得到关爱，让受蔑视的感到被尊重，让受冤枉的感到被理解。这是菩提心的一部分。

我们可以要求自己以解脱为目标、舍弃对今生和来世安适的希求，但不能因此不尊重他人对幸福快乐的理解和对现世福报的追求。

对修行人而言，生病使我们更真切地体会到众生的痛苦和他们对健康快乐的渴求。平常认为自己理所当然就该拥有的东西，像能看见这世界的五彩缤纷、能听见鸟语、能闻见花香、能尝到酸甜苦辣、能感受风净凉恬、能哭、能笑、能跑、能跳，乃至饿了吃饭、困了睡觉……这都不是随时想有就能有的。身体健康的人往往忽视健康的可贵，不知道没有病痛的身体多么自由轻松、令人羡慕。

因为不知道可贵，所以不知道希求。难怪天道众生虽然受用具足、无衰无病、无忧无虑，福报比人大得多，却少有解脱的缘分。他们生活得太安逸，不知痛苦匮乏为何物，又对安乐富足习以为常，很难生起求解脱的心。天人只有在漫长的生命即将结束的时候才突然警醒，原来痛苦堕落时时刻刻都在逼近，而再想做点什么以求远离痛苦，已经来不及了。

人不一样。人无可避免地要在短暂的一生中经历忧患变迁，他本能地会对痛苦生起畏惧、躲避之心，希求安乐。如果有正确的引导，他会进一步认识到世人所追求的功名富贵、健康长寿等幸福也是无常的，终不离痛苦。

轮回中痛苦普遍存在，要想彻底地离苦得乐，只有解脱轮回。

五

虽然我们拥有的一切不算完美，无论我们怎样在意保养，身体都不免生病、衰老；无论我们怎样精心筹划，人生总有不测风云、旦夕祸福，但是这样一个多灾多病、充满不确定性而且烦恼重重的人生，佛陀却说，是我们解脱的最好的机缘。

人生苦乐参半，有足够的痛苦让我们生起对解脱的向往，又不至于太过痛苦而无力无暇朝解脱的方向努力。

生老病死、悲欢离合，幸福的、悲惨的、成功的、潦倒的，人生的种种经历，无一不在启发我们觉悟。

对这样如珍宝一般的人生，它的启示，它所创造的机会，我们常常因为忙乱而无暇去领会、利用和珍惜。

生而为人，有多难得，我们以前并不知道。佛经上说：若有海洋如三千大千世界般广阔无涯，海面上漂浮一根木轭，上有小孔，海底有一只盲龟，每一百年浮出海面一次。木轭随波逐流、任意西东，它无心找寻盲龟。盲龟在海底深居简出，一百年才到海面来一次，即便来了，它也看不见木轭，自然不会存心追逐木轭。这盲龟与木轭相遇的概率微乎其微，但是由于偶然的机会，在盲龟百年一次浮出海面的刹那，也有可能正好把头撞进不早不晚刚巧漂流到那里的木轭上面的小孔里，而我们获得人身比这更难。

我们总是想当然地认为自己目前拥有的种种利于修行的条件，是轻而易举就能得到的，毫不稀奇。殊不知这个世界上真正拥有八种闲暇、十种圆满，能利用这难得的人身追求解脱的人少之又少。

作为人，我们暂时免于地狱、饿鬼、畜生这三恶道的痛苦愚痴，也不会像长寿天的天人那样，因误认为没有善念恶念的禅定就是解脱而失去修法的机会。然而，同样是人，有些人却生在蛮荒、未开化之地或者无佛出世的暗劫，不闻佛号，不分善恶，不知取舍；有些人天生心智有缺陷，无力闻思修持佛法；有些人生活的社会环境和传统使他们终身没有机会接触佛法。

相比之下，我们要幸运得多。漫长的轮回中，我们投生为人的时候，世间有佛法，且由于宿世的因缘，得闻佛法并心生欢喜信仰，入佛门得善知识指导，生存、生活方式与正法不相违背。**这种具足修法的有利条件，并真正用于修行的人身，被称为珍贵稀有的暇满人身**。若善用此人身，即身即可解脱。

留意观察，我们会发现有太多的人不是缺这个条件就是缺那个条件，而无法真正离苦得乐。因缘具足才能入佛门、求解脱。虽然从世俗的角度来说，一些人也许聪明能干，但这种聪明能干只是用来谋求衣食，甚至用来造恶，好不容易长劫累世积累福报得来的这个人身，不但无意义地空耗了，而且还成为投生恶趣的因缘。

放生的时候，我同贩卖和宰杀牲畜、鱼虾的人打交道，同他们交谈。有些人自己也并不想以杀生为业，既辛苦又不体面，但他们有的就生在世代以杀生为业的家庭，子承父业，别无选择，或者实在没有其他的技能，只好靠杀生来养家糊口。

想想他们真是可怜，同样是为了生存，很多人可以做更加轻松体面的工作，而他们却必须成年累月在市场禽畜肉类区令人作呕的腥臊恶臭里生活。我也知道，生存、生活方式很难一下改变，但只要有可能，我总会劝他们加入放生，哪怕只是出一点点力气也好。

这个世界上像他们一样，靠杀生、欺骗、偷盗、邪淫等方式谋生的人不在少数，所谓业际颠倒就是这样。他们需要造很大的恶业，才能换来少许衣食享用。虽然历史上一些大成就者也示现成猎人、屠夫、盗贼、妓女等形象，但那是为了度化、接引不同根基、不同因缘的众生，是出于菩提心而不是因为自身的贪嗔痴和罪障才那样做。作为普通人，我们该庆幸，不论是情愿还是不情愿，自己都不用从事与正法相违的职业，而照样能吃饱穿暖。

这几个月以来，我常常在医院走动，先是家里亲人生病入院，后来自己心脏问题加重也不得不去医院治疗。这使我有机会接触一些医生、护士、病人，并与他们交上朋友。

他们大都不信佛，究其原因，不是因为他们不认同佛陀的教法，而是他们之前根本没有机会了解佛法，所以尽管对痛苦、对无常有认识体会，却也无可奈何，不知道人竟然还有可能从痛苦中完全解脱出去。

我不禁再次感念自己的福报，生在一个佛法兴盛的地方，从小就深信因果，并且知道只要自己努力行善、修行就能够解脱。十几岁，我离开家，兴冲冲去异地他乡，跟随上师学习佛法。那时候，我就坚信自己这一生所能做的最有意义的事情就是寻求解脱。

这种了解、这种信念，对我们来说非常重要，因为在这个物欲横流，道德观、价值观混乱的时代里，要自始至终做一个善良正直的人很难，有太多的诱惑、太多似是而非的理由，让我们怀疑坚持心中的良善是否真有意义。

有时候，善良的举动会招来质疑甚至毁谤。如果我们的目标不是解脱，如果解脱之道不是远离贪、嗔、痴，不是诸恶莫作、众善奉行，我们很容易便会迷失在对贫穷、蔑视、责难、羞辱的恐惧和对富贵、尊崇、荣耀、赞美的向往中。

这次在病中，我曾想自己恐怕要离开这世间了。医院的专家们对我的病进行会诊，我望着诊室窗外凋败的冬景，心想很多人会因为我的离去而痛苦。我的母亲，一生坎坷，八十岁了却还要遭受丧子之痛！我的弟子们，善良、虔诚，对佛法那样渴望、珍惜，那样精进地修行。能够成为他们菩提路上的道友，以自己微薄的力量协助他们前进，我是多么高兴！我若走了，他们会伤心。还有其他许多尚未做完的事，我多么希望能对参与的人、相关的人都有所交代……

人到这种时刻，往往会有些牵挂和悲伤，我也不例外。不过，长期的佛法修行使我几乎立刻就意识到这种伤感是无谓的，人生就是这样，无法圆满，各人有各人的因缘，放不下也没有用，倒是应该考虑如果不得不舍弃这个人身，自己是否有把握解脱。

我的外甥女嘎姆前段日子生病住院，病危通知书发下来，她异常平静。她说她从小身体不好，总是担心自己的病连累家里人，这次如果真的过不去这一关，就希望能早点走，不要拖，不要让家里人受累。

人生虽然短暂，但她很高兴自己做到了戒律清净，所以面对死亡，她一点也不惊慌，她相信上师三宝一定会加持、引导她顺利往生净土。我很佩服嘎姆，小小年纪就能做到这样淡定。她对这个世间是真正一点也不眷恋的，尽管她从不抱怨，永远都和风细雨，一副心满意足、怡然自得的样子。自她入院到后来病情好转，先后换过三次病房。每一次，同室的病友都会被这位小小的出家人不同寻常的镇定柔和打动，继而对佛法生起信心。当时我想，疾病和死亡来临时，希望自己也能像嘎姆以及其他真正的修行人那样平静从容、无怨无悔。没想到，考验我的时刻很快就来了。

轮回中得人身犹如昙花一现，来之不易的暇满人身一旦失去，想再得，千难万难。

很多人没来由地相信轮回是一件浪漫的事，想当然认为自己来生肯定还是做人，甚至还能回到今生今世的种种因缘中，继续一段段爱恨情仇的故事。这种想法实在有些一厢情愿。如果自己能决定，我想古往今来绝大多数人都不会死了，但事实不是这样。可见临到命终，一般人都做不得自己的主。

"欲知前世因，今生果便是；欲知后世果，今生作便是。"

来生是否接着做人，要看这一生的行为。来生若要得人天福报，今生必须远离十恶业、行持十善业。要进一步得到暇满人身，则需守护清净戒律才能得到可用于修法的闲暇，必须大量累积布施等福善才能得到圆满，而且还要有清净的发愿。

检视一下我们平日的言行，不要说菩萨戒、密乘戒，就是基本的在家人的居士戒、出家人的沙弥戒和比丘戒等等，是否能圆满守持呢？想到这一点，就会知道再得闲暇的把握微乎其微。就算戒律清净，具备获得闲暇的因，而获得圆满的因——上供三宝、下济贫乞等善法，平日又能做到多少呢？即便有可能做到严守戒律、慷慨博施，是否还有清净发愿？也就是说，要发愿来生再得有助于修行和解脱的暇满人身，或者行持一切善法都不忘以菩提心来摄持自己的言行。唯有三方面因缘具足才能得到暇满人身。

如果不抓紧现在的机会，让宝贵的光阴空耗过去，那么在以后很长的时间里，我们恐怕都不可能再拥有如此圆满的修行条件了。那样的话，什么时候才能真正止息痛苦，获得解脱呢？

看过《喜乐的曼达拉》一书的人大概有印象：

1994年秋，我从喇荣五明佛学院去德格印经院请法本，途经家乡玉隆阔时，有一位老人把祖传的土地供养给我修建道场（即后来的扎西持林），当时与我同行的三个人纷纷发愿，待道场建成后，愿为我供应糌粑、当司机、当侍者。

发愿当侍者的德勒来自青海果洛，是我此前一年在果洛顿达寺讲课时认识的。他对法王如意宝信心巨大，我讲完课回五明佛学院，他也一道跟着来了。那时他曾无比欢喜地向我谈起他的学习计划，但是没想到，其后不到三年，他就去世了，年仅二十三岁。我曾看见许多像德勒一样的年轻人，对三宝充满信心，对修行满怀热情，然而死神却没有给他们留出多少修行的时间。

修行，永远不嫌太早。

当年，我与来自炉霍的日布多杰活佛同在喇荣五明佛学院求学。我们常常说，希望以后能一起去莲师修行的圣地青朴神山闭关。后来，因遵循大恩根本上师法王如意宝的教言，我四处弘法，忙忙碌碌间光阴荏苒，至今也没有机会得偿夙愿。恐怕这一辈子也很难有机会了。我最要好的朋友、我的师兄——日布多杰活佛虽然也没能按照自己最初的设想去青朴神山，但他却在五明佛学院后山持续闭关修行，到如今已经十几年了。这让我敬佩不已，也羡慕不已。

人生充满起伏变化，很多时候自己的想法、计划都无法实现，但不管在什么情况下，都要提醒自己：**暇满难得，今已得，人寿无常，死期不定，务必要精进修行，才不辜负这珍宝人生。**

自去年11月以来，我的健康状况不断恶化，心绞痛加剧，夜不能寐。因忙于各种事务，无法分身，直到今年年初才去医院体检，结果堪忧。菩提洲网站公布这一消息后，各方佛弟子纷纷报名参加放生、供灯和金刚萨埵百字明共修。

为了表达对大家的感激，我在治疗间隙陆续完成此文，希望能与大家分享自生病以来的一些体会和感受。因病痛困扰、体力不济，文章难免颠倒杂乱、词不达意。有不对的地方，我在此请求诸佛菩萨宽宥，各位读者体谅。哕唆这么多，其中若还有一两句话能对各位佛弟子有所帮助，我也就不胜欣慰了。

以前我常告诫他人："生病了亦不要懈怠修行，正好利用这个机会观察体会痛苦、无常，修出离心、菩提心，把疾病转变成解脱的契机。"话虽如此说，若不是自己大病临头，的确很难体会人在病中不辍修行需要多么大的安忍和达观。尤其是心脏病，猝不及防，突发之时而要安住，几乎不可能！我真心佩服那些乐观面对疾病、坚持带病修行的道友，感谢他们为我做出的榜样。同时，也愿一切众生都远离心脏病等突发疾病的困扰，在病痛的当下也能安住、修法。

感谢所有关心、帮助我的人，包括为我治病的医生、护士和照顾、陪同我的各位弟子。我的病情报告刚出来，有一位弟子当即就发愿今生放生三亿条生命。后来，通过网站报名共修，不少人发愿今生放生一亿条生命，有人发愿供灯几十万盏，也有人发愿念一千万遍百字明。一位叫香巴措的小朋友，才几岁，听到我生病的消息后，发愿念一百万遍百字明，而且家境并不富裕的她还发愿从现在开始放生，希望这辈子能放到一千万条生命。有的弟子跟我说，今年春节将是他有生以来过得最有意义、最快乐的一个春节，因为从除夕到初五，每天他都会去放生。

我真心随喜大家放生、供灯、持咒的功德。

我无德无能，病不足惜。请大家不要把修持善法的功德仅仅回向给我，而应回向众生，愿一切众生离苦得乐、究竟成佛。

希阿荣博

藏历铁虎年十二月三十日

2010 年 2 月 13 日

恰逢殊胜的释迦牟尼佛节日

| 第二章 |

安乐

什么是执着？怎样算放下？安乐，说到底，是一种心的感受。2008 年 7 月底，上师旧病复发。治疗过程中，上师就痛苦与安乐的关系做了如下的开示。

以前有弟子问我："怎样才能安乐？"

我想这是个很好回答的问题："放下执着就会安乐。"

可是很长一段时间后，我发现这种简单直接的答案并不是对所有人都有效。

什么是执着？怎样算放下？这些都是问题。所以，当弟子再次问我怎样才能安乐时，我便反问道："你现在感觉如何？"

安乐，说到底，是一种心的感受。

有时候，人们并非不快乐，只是以为自己不快乐而已。如果你试着去观察自己的情绪变化，会发现情绪就像天空的浮云，多变而易散，远看一朵一朵，仿佛人能在上面漫步起舞，但走近一看，才发现根本没有立足之地。尽管如此，天空还是经常出现浮云，在我们心性的天空中，情绪的浮云聚成云团，构成我们的心境。快乐满足的情绪多，心境便安乐。

什么是快乐呢？

痛苦消失就是快乐。

不要把快乐看得太严重，好像不郑重其事付出十二分的努力就不能得到它似的。

事实并非如此。再普通的人，再平凡的生活里也充满快乐。口渴的时候，喝上水就会感到快乐；肚子饿了吃东西就会快乐；上了一天班疲惫不堪，回家的地铁上意外地坐到一个座位，你会快乐；那颗蛀牙困扰了你好几天，医生把它拔除的那一刻，你很快乐；闷热的夏夜里一丝凉风、烈日下路旁的一片树荫，会令你快乐；甚至最平常的呼吸也会给你带来快乐……

静坐的一个入门方法便是观察自己的呼吸。心静下来，就会体验到，每一次气息的吐纳都充盈着喜悦的能量。即使在纷扰的日常生活中，你也能体会到这一点。

我们都有过这种经历：感冒了，鼻塞流涕让人很不舒服，可是两天后，当我们突然发现鼻子通畅、可以正常呼吸的时候，我们简直高兴坏了，原来能用鼻子顺畅地呼吸是如此快乐的一件事！

看得出来，快乐就在我们身边，可是人们要么因为心不够静，察觉不到它们，要么因为快乐转瞬即逝，来不及充分感受。

如果人们能像观察自己脸上的斑点皱纹那样，去了解熟悉自己心念的活动，就不难发现每一个单纯而直接的当下都带着淡淡的喜悦。如果人们不是把快乐一味寄托于瞬息万变的外部世界带给人的刺激，那么快乐的感受是可以延长、扩大的。

佛法告诉我们：**痛苦源自我执和法执，即对自己的执着和对周遭事物的执着。**

人们相信有一个绝对存在的"我"，这是我的身体，这是我的想法、我的房子、我的朋友……可实际上，这只是由于不了解自己而造成的误解。

关于破除我执的方法，《中观》和《入行论》中讲得很清楚，我就不重复了。简单地说，就是没有一个绝对存在的"我"。

每天早晨你在镜子里看到的那个人是你吗？可是生物课上老师告诉你，人体时时刻刻都在新陈代谢，也就是说一直在变化，组成你身体的细胞不断在死亡、再生。也许你觉得一定范围内的变化是可以接受的，只要维持一个"度"，你就还是你，正如水在冰点和沸点之间无论怎么变化仍然是水一样。可是，拿出你三岁时的照片看看，你还会坚持认为在自己身上存在这么一个"度"吗？阔别几十年的亲友见面往往感叹：简直变得认不出了！而之所以还知道是"你"，是因为"你"不是孤立的，在你与外界千丝万缕的联系中，还能找到昔日的痕迹。这种联系、这种相对身份，便是他人识别我们以及我们识别自己的依据。世界上没有凭空来去的人。

了解到这种相对性，我们就会意识到，耗费一生精力企图在自己与外界之间砌一道围墙的做法是徒劳的，而这种徒劳带来的挫败感让我们很不快乐。

我们不仅误解自己与外界的联系，对自己的内心也知之甚少。

对许多人来说，这个世界上最陌生的人就是"自己"，似乎从来没有机会安静下来好好了解一下自己：此时此刻自己感觉如何呢？是饱还是饿？是冷还是热？是疲倦还是精力充沛？是安静还是躁动？听上去再简单不过的问题，可并非每个人都能立刻答上来。

很有意思，在这个信息爆炸的时代，你可能对地球那边美国大选的进展情况了如指掌，却不知道自己身心的真实需求和感受。习惯性的心不在焉使我们错过了解自己的大好机会。

《阿含经》中讲述了"四念处"的修行法门，就是从身、受、心、法着手，如实而又绵密地觉察自己的身心。

在这种了了分明的觉察中，很多烦恼消失无踪了。

不知道大家有没有过这种体验：当你身体某个部位感到疼痛时，你把注意力集中起来观察这个"疼痛"，包括疼痛的具体位置、疼痛的程度、疼痛程度的变化……很快，你会发现疼痛感缓解了。

同样的，当自己被愤怒、嫉妒、恐惧、烦躁等情感困扰时，注意观察。

拿最具伤害性的负面情感——愤怒来说，愤怒也有从酝酿到爆发的一个过程，就像着火，开始只是几颗小火星，后来发展成火苗，风一吹，才越烧越猛，成了一场大火。许多人要等到火焰冲天才意识到着火了。可是，如果留心观察的话，火星或火苗刚起就上前把它扑灭，大火就烧不起来了。你甚至可以不急于去扑火，袖手旁观也无妨，看看火是怎么烧起来的。也许你还不知道，通常在火上扇风、浇油的就是喜欢恶作剧的那个你。现在你跑出来做观众了，没人帮忙，火烧得不起劲，一会儿自己就灭了。

其他情绪也是这样，不要被它们推着到处乱跑，转过身来正视它们：看它们从何而来，往哪里去！

一切都会过去，包括具伤害性的负面情绪。

在你妒火中烧、大发雷霆、愁苦不堪、惊慌失措、满腹委屈的时候，对自己说：没什么大不了，会好起来的。

事实上，你就是想不间断地生一辈子气、发一辈子愁，也是办不到的。

前面我们讲到自己与外界之间并不存在绝对的界限，这种自他的相通性为我们训练菩提心提供了机会。

我们追求幸福快乐，不想受伤害，我们被人误解会感到委屈，我们希望受关注，被体谅……人同此心，心同此理，扩展开来，芸芸众生都有这些相同的希冀渴望。

熙熙攘攘的街头，迎面走来的男人、女人、穷人、富人、你喜欢的人、你不喜欢的人，他们都和你一样希望幸福安乐，虽然他们追求幸福的手段也许很笨拙。这样的想法使我们很自然地生起同情、宽容之心。

安住在负面情绪中，而不是压制它，也能帮助我们培养菩提心。

焦躁、愤怒、嫉妒、恐惧、烦闷、疾病等等都让我们痛苦，这时我们想：还有很多众生和我一样在受苦！为了他们，为了自己，我一定要学会摆脱痛苦的方法。

寂天菩萨说，我们生起菩提心，就像是乞丐在垃圾堆里找到稀世珍宝。它给我们带来无尽的喜悦，满足我们所有的希求。

不了解自己的另一个表现是不知如何正确地对待自己。或是溺爱放纵，或是自责苛求，总之就是不能以一种平和的方式与自己相处。

很多人的问题都在于永远对自己不满意，不满意自己目前的外表、才智、地位、财富、受用，好了还想更好，一生的精力都用在追求更好上。

佛经中把我们生活的这个世界称为娑婆世界，意思是能忍受缺憾的世界。痴心不改硬要在这个缺憾的世界里追求完美，会有结果吗？永无止境地追逐，目的到底是什么呢？为了追求生活的富足安逸而苦恼或者忙得忘记去生活的，大有人在。辛苦操劳一辈子，到头来还是不快乐，而一生却已经过去了。

快乐的人生是从接受缺憾开始的，接受一个不那么完美的自己，学会说："我不再需要什么，我很满意。"

不要以为我们修行的目的是为了掌握更多的才艺技能，从而成为一个更美丽、更圆熟、更富有、更令众人羡慕的人。不是这样的。

很多时候，我们恰恰需要做减法。心思单纯，生活简单就很好。

仔细观察，我们深深执着的人、事物、状态等一切，没有一样对我们的生活来说是不可或缺的。

把快乐寄托在向外驰求上，就像喝盐水解渴一样，得到的越多越不满足。

法王如意宝曾说："虽然不是所有人都能像米拉日巴尊者那样舍弃今生，但也不要太贪心。"世间人追求的富贵同时也是负累。

从前华智仁波切隐姓埋名，在化缘的途中为一名亡者做超度。当亡者往生的瑞相全部出现后，家属高兴地供养给衣衫褴褛的华智仁波切三匹马以表示感谢。华智仁波切说："我不需要任何供养。有了三匹马就会有三匹马的烦恼。"

有人说藏族人生活条件那样艰苦，虔诚地信仰佛教并没有让他们的社会更发达，生活更富足。可是在藏族人心里，发达社会的标准不是物质繁荣，而是平等安乐。生活富裕却不快乐，不是幸福的生活。

在佛法中，我们学到的便是让今生来世平等安乐的方法。龙树菩萨曾经发愿：来世一不投生到富贵人家，二不投生到过于贫穷的人家，最好是投生到有吃有穿的中等人家，既不用为衣食操心，也不会为富贵所累，平稳安乐，最适合修行。

藏地很多人一辈子知足常乐，只求温饱。他们相信内心满足时感受的安乐，是富贵受用无与伦比的帝释天也享受不到的安乐。

人们之所以认为自己必须这样那样才会快乐，完全是惯性思维在作怪。当一些突发事件，如疾病、灾难，打断我们惯常的思维方式，我们就会发现其实自己并不像原先以为的那样需要很多条件才能感到快乐。

除了对自己的误解外，我们对周围的世界也存在误解。

生活中一些基本事实显而易见，人们却总也认不清，比如说无常。

世间万物时刻处于变化中，而我们本能地想追求安全感、确定性，这就意味着生活往往会不顺我们的心。人们常感叹人生失意，事实上那种挫败感很多时候只是一种对无常的体验。

如果你承认无常是生命的规律并接受它，你就会放松下来。

你知道这个世界上不是只有你一个人不称心如意、没有安全感。你会懂得很多事情都不可强求，自己尽了心就好。斤斤计较于得失亦是无谓的。

认识并接受无常并不意味着你会变成一个悲观主义者，生活在你眼里从此将一无是处。试想在你认清无常的事实之前，不管是苦是乐，你不是一直都活得挺来劲的吗？而无常又何曾有一秒钟离开过你呢？

有时我们甚至要感谢无常。因为它，我们不会一直痛苦下去，我们总是有重新再来的机会。就像现在，在苦恼愚痴了无数劫之后，我们仍然可以通过释迦牟尼佛的教法找寻到安乐。

佛法中还有两个重要的概念：因果和空性。相信因果和建立空性的见解，能帮助我们进一步放下执着，获得安乐。这两点，以后有机会我再细讲。

希阿荣博
2008 年 7 月底口述
弟子记录整理

| 第三章 |

从玉树说起

如果我们认为某些无常是好的、温和的、可以接受的，而某些无常是不可接受的，那么我们并没有真正领会诸行无常的深意。

缘起

玉树地震以来，一些弟子向我表达心中的困惑：为什么灾难如此频繁？为什么在佛法兴盛之地也会发生灾难？佛法的加持力何在？为什么修持佛法还是不能避免无常？诸如此类的问题不少。

我没有立刻给予解答。一来，现在仍然是为地震死难者念经超度的共修法会期间，我希望大家都能专心为逝者念经回向，不受其他事情过多的干扰；其二，这些问题不是三言两语能说清楚的，而且自去年年底以来我便一直在病中，每天吃药、治疗、体力脑力均不济。我想，灾难频发，我们的确应该从更深的层面去思考一些问题了，而不必急于给出简单化的答案。所以，近一个月来，我断断续续把自己的一些想法请身边弟子记录下来，最后整理成了这篇文章。

我并不认为文章对与灾难相关的问题做出了较为全面的分析，那也不是我的初衷，我只是试图去回答一些弟子提出的问题，以帮助他们澄清疑惑，而在解答的过程中，我有意把大家观察的焦点从表面的灾难引向灾难背后更深层的原因，希望这种尝试能激发大家去思考，去提出更多更精辟的见解。

关于这篇文章，我的基本思路是这样的：我发现弟子们提出的一些问题与他们对无常的理解不够全面有关，所以文章便从无常讲起，讲到什么是无常，如何看待无常。然而，光讲无常只是停留在现象的表面，为什么会有灾难，还得探究现象背后的原因，这样，文章第二部分就自然讲到因果。在这一部分，我着重讲的是因果不虚的道理，而没有一条条具体地列出灾难形成的原因。那很不现实，除了佛陀，没有人能做到。但这并不是说我们就不用去思考灾难的成因了。我只是想请大家注意：任何现象背后的因果关系都是极其复杂的，不可武断、简单化、孤立地分析问题。文章第三部分仍然在讲因果，讲到事物的相互关联，人们短视的行为造成的种种问题。第四、第五部分讲的是为灾区、为这个灾难频发的世界，我们能做些什么，应该不仅是一时的捐款捐物，更重要的是在日常生活中自律和培养慈悲心。

佛教认为我执是一切痛苦的根源，所以要从根本上止息痛苦必须放下我执，建立空性的见解。在这篇文章中我没有谈到空性，我认为对大多数人来说，证悟空性还有待时日，而在证悟空性之前，仍然有很多事值得去做，比如自律、助人，比如培养基本的伦理道德，参与建设有利于众生共存的祥和环境等等，这些都能在一定程度上减轻众生的痛苦，增加众生的快乐。

我们一方面要在日常生活中最平凡、细微之处取舍善恶因果，另一方面要精进不辍闻思佛法，努力建立空性的见解。证悟空性之后，痛苦自然止息，菩提心自然坚固。

让我们把修持善法的功德回向众生，愿一切众生离苦得乐！

希阿荣博

藏历铁虎年三月二十二日

2010 年 5 月 5 日

顶礼本师释迦牟尼佛！

顶礼大慈大悲观世音菩萨！

顶礼大恩根本上师法王如意宝！

一、无常

灾难，猝不及防。

尽管我们听闻过有关无常的教言，明白万事万物时刻都在变化，人生不免在得与失之间起起伏伏，可我们还是难以接受生活以这样猛厉的方式揭示无常的真相。无常，为什么不能来得温和一些？

时间也是空间，隔开了灾难与我们。对大多数人来说，只有隔着适当的距离，才能把事物看得更清楚，而太近，会被情绪淹没，太远，就遗忘了。

无常似乎总是不够温和，因为我们只有在面对强烈的痛苦、分离或死亡的时候，才会注意到无常。佛陀说诸行无常，一切和合的事物都是无常的。我们能理解这层真理，但落实到个人体验上，无常仍然是指事物不按我们的预期或喜好发展时，令人懊恼、愤慨的状况。

说到底，我们还是不够谦卑，不肯完全放下心中的傲慢和成见去认识无常。

如果我们认为某些无常是好的、温和的、可以接受的，而某些无常是不可接受的，那么我们并没有真正领会诸行无常的深意。

如果我们认为某些人、某些物、某些现象理所应当比其他人、物、现象更具恒常性，那么我们也没有真正领会诸行无常的深意。

地震后，有些弟子问我，为什么在全民信佛、寺庙遍布的藏区也会发生这样的灾难？

出于虔诚的信心，很多人会想：凡是与佛教相关的东西都应该能够凭借某种神秘的力量而逃脱无常的定律。

看来大家还是愿意相信在二元认知的范畴内存在一个恒常的东西，期待自己敬仰倾慕的人，自己喜爱、熟悉的事物和状况永远保持让人满意放心的那个样子，然而佛陀希望我们明了：一切有为法如梦幻泡影，凡因缘和合的事物都会耗尽，都是无常的，没有例外。

即使是佛陀本人，也示现了疾病、衰老和圆寂。在佛陀的教法下，具足地道功德和神变的结集经教的五百阿罗汉，以及后世无数的大成就者，四大自在，水不能溺，火不能焚，远离损害，最终也都一一趣入涅槃。

当年学者云集、盛极一时的印度那烂陀寺，曾是佛法传播的中心，后被外道侵占、摧毁，如今只剩下荒野里几处残垣断壁。莲花生大士开光的桑耶三层宝顶宫殿，遭受火灾，毁于一旦。阿育王兴建的佛塔，美轮美奂，现在也化成了风中的粉末，消逝无踪。

佛陀传下来的八万四千法门，无数的经典，一部部都将失传。光芒万丈的教法，给无量众生带来利益、引导我们究竟解脱的具有不可思议加持力的教法，终将示现湮没在时光的长河之中。

三宝的护佑和加持，不是要强化自我和安全的幻觉，让我们相信自己套上了一个"金钟罩"，从此刀枪不入、水火不侵。怀着这种心态面对变幻莫测的世界，我们只会更脆弱。

三宝的加持，关乎我们内心的转化。不论通过何种形式表达对三宝的皈依，如果我们的内心因此而不断地向着良善的方向转化，空性的见解和菩提心不断地增上，那便是得到护佑和加持了，因为没有什么比这更能让一个人的内心坚韧、宽广。

有人说这次地震，震区的藏族人面对家破人亡，表现出了别样的悲伤：没有恸哭、没有呼喊。街边的废墟提醒着地震的刚刚发生，而整个城镇的氛围却是平静的。

人们积极地自救，互相帮助。年仅几岁的孩子靠着一双手挖，硬是把压在废墟下面的奶奶救了出来；有的人自己家里遭了灾，失去了亲人和房子，但是和活下来的人一起步行了近一个小时，去帮助另一个朋友；帐篷医院里，年轻的母亲用藏袍兜着一岁大的女儿，见有人向孩子表示友好，她转过身让小孩离问候的人更近一些。由于语言不通，她只回头轻轻地笑，而她的丈夫在刚才的地震中去世了。

十一岁的邬金丹增和三岁的妹妹成了地震孤儿，妈妈去世，爸爸不知在哪里。他每天照顾受伤的妹妹，陪她玩，哄她睡觉。他说自己要想办法养活妹妹。趁妹妹睡觉的时候，他去安置点的空地上同小伙伴踢球。他说："如果我妹妹一醒，我就不能陪你们玩了，快点踢。"他背着妹妹去已成废墟的家里把妈妈喜爱的塑料花挖出来。他希望妈妈在另一个世界里过得幸福。

有的家庭谁也不提逝去的亲友，但每晚睡觉前，都各自躺在帐篷里默默地念经，不想打扰其他人。人们以自己的方式怀念死去的亲人。

大多数家庭都有亲人去世、财产损失，有的一贫如洗，但是他们说："只要别人会好，我们就会好。"

......

由于佛法的熏陶，在这片高原上生活的很多人，都能坦然地接受生活中一项基本的事实——无常。他们不认为事情必须按自己的心意发展才对。

有生就有灭，有聚就有散，这不过是事物平常的状态。坚强或者脆弱，接受或者抗拒，生活都会继续。在繁华中，在废墟中，生活都在继续。

关于无常，佛经中讲过这样一个故事：

佛陀在世时，有一位叫乔达弥的妇人，她年幼的孩子病逝了，她非常伤心，到处问有没有药能让她的孩子起死回生。后来，她找到佛陀请求帮助。佛陀说："我可以为你制这种药，但需要特殊的配料。你去城里找一户从来没有死过人的人家，向他们要一些芥菜籽拿回来给我。"于是，乔达弥高兴地去城里挨家挨户打听，却发现所有人家都曾有人去世。她终于意识到并不是只有她一个人遭受失去亲人的痛苦。她再次来到佛陀面前，佛陀悲悯地开示：你以为只有你在受苦，而事实是一切都是无常。

我们每天都在面对无常，都在面对痛苦和死亡。我不知道怎样的痛苦和死亡才算温和。也许是因为我身份的原因，周围认识我的人如果亲戚朋友遇到不幸、灾难之类的事，总会告诉我，希望我能给他们一些安慰和帮助，所以几乎每一天我都会听到一些

"坏"消息。这给我很好的机会，让我熟悉人间的苦难、世事的无常，也让我迫切感受到修行的重要。

大多数人面临死亡，不论何种形式的死亡，都是身不由己、极度惶恐的。他们所有的知识、技能、思想都只能应对现世的、与生相关的问题，而死亡是什么，该怎么办，他们很少考虑过。

人的一生即使不经历大灾大难，也是很短暂的，几十年转眼就过了。也许是日子太平静，人们轻易就忘记老之将至，死亡不可避免。不要说年轻人，连很多老人也是这样，好像相信自己能够一直活下去。

前年春天，我在札熙寺见到那里的老喇嘛日嘉，八十岁了，修行还是不怎么精进。他可能觉得自己是索南嘉措上师的外甥，与众不同，不必为死后能否解脱的事担心。我当时说了他一顿："死亡近在眼前，你一定要抓紧时间修行。"没想到当年秋天，他就去世了。由于长期接受佛法的教育，面对生活中一般的变化和痛苦，我想日嘉喇嘛应该能够泰然处之，但死亡是极其剧烈的变化，伴随巨大的恐惧和痛苦，我不知道没有做好充分准备的他该如何面对。

面对死亡，顺利地走过死后中阴的陷阱，是藏族人生命中的大事。

只有修行成就很高的人才能做到死生自如，在死亡来临时自主地决定何去何从，而一般人在感受到死亡的剧烈痛苦时，都不免惊慌失措，全然忘记平日的修行，丧失对中阴境相的判断力而误入歧途，失去解脱的宝贵机会。这个时候，如果有人在一旁安慰、提醒、指导亡者克服死后的惊恐，镇定下来，清晰无误体认自性之明光，或者辨认其后出现的诸佛菩萨清净刹土之显现，那么亡者即可获得解脱。诚信佛教的藏族人在亲友死后，一定会想办法为亡者超度，帮助他们顺利度过死后中阴这个至关重要的阶段。

这次地震中，家里有人不幸遇难的话，活下来的其他人首先考虑的不是自己有多悲痛或者以后的日子怎么过，而是一定要想尽办法找到亡者的尸体，为他们超度，因为活着的人还有机会修行，还可以继续为解脱做准备，而死去的人若不能把握住这次机会，再循业流转，以后还有没有这么好的解脱因缘就很难说了。

无论天葬、火葬或其他丧葬形式，都有特殊的超度仪轨和安排，不是简单地把尸体处理掉。对佛教徒来说，帮助亲人获得解脱就是对他们最有力、最有意义的关怀。

人生短短几十年，我们要面对大大小小无数次的变故，要一次一次痛苦地面对亲友的离世，最后是自己离世。

如果能认真把佛陀的教言融会于心，我们的人生也许会更从容一些。

二、因果

每一件事的发生都是众多因果关系共同作用的结果。

由于认识能力的局限，我们往往只能看到无限的因果相续中有限的某个片段。当事物的来龙去脉在空间或时间的跨度上超过了目前的认识范围，人们很自然就会怀疑是否凡事真的有因有果，可是我们要知道，细说从头，连神通广大的阿罗汉也不能完全说清楚啊。

　　据说佛陀有一位叫周利盘陀伽的弟子。他当初想出家，却被佛陀其他的弟子拦在门外。佛陀问："为什么不让他出家？"那些弟子都是有神通的阿罗汉，对佛陀说："观察过这个人，他五百世都没有跟佛结过缘。"佛陀就说："你们只能看到五百世之内的因缘，五百世以前他曾投生为一条狗，无意间供养过我，跟我结了缘，所以这一世会跟我出家学法。"

　　南瞻部洲是业力之地。投生到这里来的众生，绝大多数是被往昔的业力牵引而来，所以这一生的际遇不仅与此生的身心活动有关，而且反映出前世的行为所产生的后果。

　　有些果报的起因可能要追溯到几世、几百世之前，但是不论时间隔多久，果报都不会自动消失。拿恶业来说，清净恶业主要有两种方式：主动地积植德行、忏悔、清净业障，或者被动地等因缘成熟、果报显现，显现后因果自然了结。

　　当年，舍卫城的帕吉波国王率军进攻释迦部落，大肆屠杀释迦族人。佛陀的声闻弟子中神通第一的目犍连尊者为了保护佛陀的亲人，用神力把他们装在铁钵中举到半空，以为这样就能躲过劫难，可是等敌人退去，铁钵拿下来一看，里面血肉模糊，所有人还是死了。可见因缘一旦成熟，没有什么力量可以阻止果报显现。

即便是断除一切业惑障碍的佛陀和阿罗汉，显现上也要感受自己的业果。在帕吉波国王杀戮释迦族人的同时，佛陀也头痛起来。众弟子请问原因，佛陀说：

> 以前释迦族人以捕鱼杀鱼为生。一天，他们捕到两条大鱼，没有立即杀死，把它们系在柱子上。两条大鱼感受无法忍受的干燥之苦，在地上辗转翻跳，它们发愿将来一定要报仇。以此因缘，两条大鱼后来转生为帕吉波国王和玛拉洛大臣，被杀的其他鱼类转生为二人的士兵。今天他们要将释迦族斩尽杀绝。我当时投生为一位渔夫的小孩，看到那两条大鱼受苦的情形，禁不住笑了起来，以此业力感得今天头痛。假使我现在没有获得功德圆满的佛果，今天也将被帕吉波国王的军队杀死。

这个世界看上去千头万绪、混乱无章，充满不可思议的巧合和令人费解的冲动，但其实每个人都被业力牵引，各自造作因缘，各自感受苦乐的果报，不会有错漏。

这次地震，我听说有一个叫香巴的德格生意人，在玉树安家落户。不知为什么，地震那天凌晨三点，他突然跑出家门到外面的旅馆去住。地震中，他家的房子完好无损，家里人都没事，他住的旅馆却塌了，他被压死在里面。香巴的妹妹怕后面的余震伤到孩子，决定带孩子回德格老家，谁知就在临行前与亲友告别时，她一不留神，孩子被车轧死了。另一个我认识的人地震时却是因为外出住旅馆而逃过劫难。像这样的故事还有很多很多。

业是动态的。在梵文中，业的原意是"行为"，行为产生后果，后果引发新的行为，如此因因果果前后相续，构成一股势能，不断有新的因缘加入其中。虽然其整体趋势很难改变，但新的因缘（即新的行为）却能增强或削弱它的力量。

比如有一些人今生修持善法、修习空性，本来后世将转生恶趣的业便在今生成熟，在投生为人尚有取舍善恶的自由时感受恶报的痛苦，了结一段恶性因果，以后便不会再受此一报。同时，因为此生受恶报时，内心怀着善意的发心，也就开启了新的良性的因果。

如果新的因缘本身力量足够大，完全改变业的趋势也不是不可能的。就像米拉日巴尊者最初造罪业，本来一定会堕入地狱，但他后来以常人难以想象的坚强毅力和坚定决心，精进修持正法，不但没有堕入地狱，反而即身成就了佛果。

当我们看见别人在灾难中死亡、受苦，不要认为这一切都是无缘无故、偶然发生的，也不要想那是他们咎由自取。

有些人可能是佛菩萨，以死亡和苦难这种特殊的方式向我们示现无常、无我和慈悲。有些人通过积植德行、修持正法而改变了往昔的因果，重罪轻罚。有些人了结了某些因缘，将要去往别的刹土……

世间万象如此复杂深奥。我们须保持谦卑，以及探究真理的热情。

三、共存

为什么会有灾难?

希望我们问这个问题,是出于对众生共同命运的忧虑和对人类自身行为的反省,而不是想找一个责备的对象。

我们生活的这个星球好像从来就不缺少问题,天灾人祸未曾间断过。翻开报纸,每一天都有灾难、冲突、抢劫、淫乱、诈骗的消息,每一天都有人因此死去、受苦,而我们总要等到灾难近在咫尺,才意识到问题的严重。

这正是症结所在:我们只关心自己,以及周围极其有限的空间里的几个人、几件事。在这个小圈子以外发生的事情,不过是又一条新闻而已。有人遭受灾难,经历痛苦和死亡,又不是我们造成的,再说,我们又能做什么呢?

相信自己与万物是分离的,这样一个错觉强化了人心的冷漠,让人不觉得自己应该对他人、社会和整个世界承担什么责任。

的确,现在人们的生活越来越依赖机器和只要花钱就能买到的服务。很多事情,以前可能需要一家老小齐上阵,甚至呼朋唤友一起来做,才能做好,现在只需打个电话给专业公司就行。这当然有其积极的一面,我们的生活更方便、独立了,但同时,我们也越来越难得有机会在商业关系之外与他人交往、交流。

现在的人不善于建立、发展友谊，交往的圈子很小，除了同事、家人外，没有多少朋友，而实际上，朋友之间相契相投、可以分担忧愁、分享快乐的这种关系，对我们的人生来说非常重要，也是其他很多关系的基础。

人们把拥有尽可能大的独立性看成是人生成功的标志，有自己的车、自己的房子、自己的办公室等等，尽可能地不需要别人。有人因此认为能否过得幸福快乐完全是自己的事，与其他人没有什么关系，只要自己有能力得到想要的东西就行了；至于其他人是否过得幸福，也与自己无关。

另一方面，与自给自足的农业社会相比，现代社会里人类的相互依存度实际上是更高了。我们生存的基本条件——衣、食、住、行，每一样都依赖他人的劳动。城市化意味着人口不断密集。无论是工作还是生活，我们都越来越多地与其他人共享同一个狭小的空间。每个人的言行影响到自己，也影响到其他人的生活。**合作共存，不仅是出于良善的愿望，更是出于生存和发展的需要。**

这样就出现了一个矛盾：客观上，大家比以前更加相互依赖、相互影响，在地球的这一边，一小群人的活动所产生的后果，会比以前更快、更明显地影响到地球另一边的人，而主观上，大家以为自己很独立，可以不需要别人，也不必替别人着想。

人人都希望过上幸福美好的生活，这本无可厚非，但是在追求幸福的过程中，我们要考虑到给其他人，不仅是现在生活在这个地球上的人，还包括以后要生活在这个地球上的人，以及与我们共享这个世界的动物，留出足够的空间和可能性，去实现他们的幸福生活。

尤其是处于强势地位的人，能够调动更多的资源和手段去实现自己的目标，一旦出现问题，也有更强的能力自保。他们更应该顾及其他人的利益。虽然情况变糟，所有人最终都会受到损害，但最先受到损害的是那些最无助的、处于弱势的群体，而且这些人需要比别人更长的时间才能摆脱困境，从损害中恢复过来。

环境问题就是一个现成的例子。由于人们急功近利，无序、过度地开发，消耗资源，导致全球环境恶化。洪灾、旱灾、火山爆发、地震、海啸、冰层融化、气候异常，这些代表灾难的名词轮流成为每日新闻的标题。全世界的人都受到影响，而边远、贫困的地区往往也是生态环境脆弱、基础设施薄弱的地区，一旦出现灾害、灾难，那里的人们没有多少资源和手段可以保护自己，只能听天由命。

我们曾经认为天灾和人祸是两类性质完全不同的问题，但现在我们逐渐意识到两者之间的界限其实并不是那么明确。每一件事的发生都是众多因果关系共同作用的结果。

我们不需要懂得深奥的佛理或成为所谓唯心主义者，也能知道人的心理活动会影响外在的物质世界。因为正常状态下人的思想会指导人的行为，而人的行为的结果是改变其生存的外部环境。

灾难不是一朝一夕，也不是单纯由某一个原因造成的。自然因素当然发挥着重要作用，在灾难爆发的一刹那，自然因素往往是主要的触发因素，但压倒骆驼的最后那根稻草不是骆驼背负的所有重量。探究深层的原因，灾难背后总能看到人的身心活动所产生的关键性影响。

当然，社会学家们对各种社会活动及其与人、经济和环境的关系，有专业深入的研究，他们绝对能比我这个外行更全面、准确地分析把握这些问题。我在这里只是从一个没有受过专业训练的普通人的角度，谈一谈我的观察和体会。

我发现，人们的生活条件不断改善，身心的痛苦却并没有越来越少。由恶劣的生存环境导致的疾病的确比以前少了，但取而代之的是层出不穷的"现代病""富贵病"，像高血脂、痛风、肥胖症。在经济相对发达的地区，人们的精神压力也普遍较大，失眠症、抑郁症的发病率非常高。我们知道，巨大的精神压力不仅带来心理上的痛苦，也是众多生理疾病（如心血管疾病、肿瘤等）的重要诱发因素。

我并不是说物质进步本身增加了人类的痛苦。如果大家都回到原始社会去钻木取火，未见得就会更快乐。认为弃绝物质进步就能解决人类的所有问题，是短视的，也是舍本逐末，根本就没抓住问题的根源。但现代社会的大多数人却陷入另一个极端：认为只要物质丰富了，一切问题就会迎刃而解，再不会有痛苦。所以人们贪婪攫取、恶性竞争，尽可能多地占有物质资源，以为这样就能获得幸福。

物质的确能给人们带来满足感，但仅限于感官上的满足，也就是眼耳鼻舌身意、色声香味触法。而人之所以有别于动物，却在于他不仅需要感官上的满足，还需要精神上的满足。

在这个时代里，除了物质资源，人们还试图通过拥有更多的智力资源来获得幸福感。高学历、高智商被视为人生成功的一项标志。虽然无知不一定就会过得幸福，知道得多也不能保证过得幸福。事实上，很多人每天浏览海量信息，收发无数邮件、短信，不停地接打电话，心里还是焦躁不安，害怕错过了什么而被社会边缘化。

我们生活中的一些问题，通过消除贫穷和无知，就可以解决；但很多情况下我们陷入苦难，更深刻的原因在于长期以来对精神世界的忽略。真正持久宁静的快乐不是向外驰求得到的。

如果继续忽略精神修持，我们的问题，无论是外在的战争、暴力、灾难，还是内在的情感和心理危机，都无法从根本上得到解决。

四、自律

我所理解的修行，不是去追求神秘的体验或为获得某种超常的功能。修行是修养仁爱、宽容、谦让、与人为善等能给自他带来安乐的精神品质，也就是说，要关注其他生命的福祉，并且自觉调整自身行为让众生感到安适快乐。所以，修行有两个不可或缺的方面：一是替众生着想，二是为此而采取转化内心的实际行动。

我们能对他人的喜怒哀乐感同身受，这种能力与生俱来。看见另一个生命受苦，我们会本能地生起恻隐之心，尽管不是所有人都表现出强烈的同情、怜悯并实施帮助的行动。

比如地震发生后，很多人看见灾区的图片会情不自禁地流泪，很多人自发地行动起来进行援助，大家在第一时间的反应都是惊惧和伤痛，那也正是震区人的感受。大家发自内心地感觉到与震区人、与所有同此爱心的人之间的那份紧密联结。在那个时刻，不必是佛教徒，大家也能真切体会什么是悲心。

当然也有人表现冷漠，这并不是说他们就没有恻隐之心，相信他们看到流血伤亡的情景，也会感到不安、不舒服，会下意识地闭上眼睛或把目光移开。

不忍心看见另一个生命痛苦，这就是恻隐之心。在此基础上进而参与、分担另一个生命的痛苦，就是悲心了。**悲心是我们本具的能力，虽然我们有时候也表现得自私冷酷，但这种能力始终存在。**

灾难来临的时候，作为普通人，我们能做些什么呢？

我想，尽管不是所有人都能够直接参与救死扶伤的援救行动，但是至少我们可以在情感上分担他们的痛苦，让他们感到被关注、被关爱、不孤单，没有被遗弃。

为亡者念经超度也是这种分担的表现，我们陪伴亡者走过中阴，分担他们的恐惧和孤独。

大家可以设身处地想一想，如果自己受灾会需要什么，首先当然是物资：吃的、住的、用的，同样重要的是，还需要关爱。

被关爱不仅是心理的需求，也是生理的需求。从小到大，每个人都需要被关爱才能生存、成长、健康地生活。对于别人的善意、关爱，我们似乎天生就能领受其中的美好。任何友善的表示，不管多么微小，哪怕是陌生人一个真诚的微笑，也会触动我们的内心，让我们感到欣喜。所以，由己及人，我们要尽己所能去关心灾区的人，持续关注他们的问题，分担他们的痛苦。

从长远来说，我们若真心替别人着想，首先须做到自律。

不仅在别人遭灾的时候帮扶一把，而且更切实地在平日生活中时常检讨、克制那些会给自他带来痛苦的身心行为，这样才能从根本上减少人与人、人与自然、群体与群体之间的矛盾冲突，使大家享有一个更和谐的生存空间。

只有整体的生存环境和氛围祥和了，人们才能有更平等的发展机会，通过自己诚实的劳动去创造美好生活。这一点对于包括灾区人在内的所有弱势群体来说，尤为重要。

身体的行为主要由心决定，我们如果能够调伏内心的负面情绪和思想，外在行为自然会随之改变。负面情绪是指会给自他带来痛苦的内心活动，如愤怒、仇恨、嫉妒、贪婪以及焦虑、抑郁、恐惧等等。

我没用大家熟悉的"烦恼"一词是因为：首先，烦恼涵盖的范围更广，它包括未圆满觉悟的众生因无明而起的所有行为；其次，也是更重要的一点，无论是"五毒""三毒"还是其他烦恼，我希望大家都能把它们看成是情绪、感受，而非心的本性。说"烦恼"，大家也许不自觉地就往本性上靠，觉得心本身是烦恼的；说"情绪"，不用提醒，大家也知道是表面的、波动的，只不过有些情绪出现的频率非常高，能量也很大，不容易克制。如果愤怒是我们的本性，我们就不可能有高兴的时候，但事实不是这样。我们不仅能高兴，而且在生气的时候还能知道自己在生气，这说明意识与情绪不完全是一回事。我们是有可能有意识地去控制和调整负面情绪的。

自律的第一步是觉察。留心观察自己身、语、意的活动，观察负面情绪是怎样发展起来的，它的破坏性、欺骗性何在。即使像愤怒这样狂暴的负面情绪，也有一个逐步发展的过程，也需要各种条件才能产生和壮大。如果我们能了解这些，就有办法克制、削弱、化解愤怒的情绪。

我们每个人身上都会显现很多负面的东西，对此保持敏感、警醒，是我们一辈子都要去做的事。然而，大多数人对待负面情绪的态度都是听之任之，反正迟早会过去，那就等它自己过去好了，何必那么认真地对治。这主要是因为没有认识到负面情绪的破坏性，它使我们失去对整体局面的判断力而愚蠢地陷入愤怒、嫉妒或惶恐中。在这种状态下，我们很难做出明智的决定和行动，很难照顾到自他的利益，甚至会使自己和他人处于危险的境地。

负面情绪的一个特点是，如果你不对治它，下次它再出现时能量会更大，如果你一直不加以对治，它就会慢慢挤走其他的情绪，使你的情感世界成为它的天下。不论你遇到什么情况，你都会习惯性地诉诸一两种负面情绪，比如一个爱生气的人，即使遇到本该高兴的事，他也能找出让自己生气的理由。我们往往会认为这种人本性如此，其实他只是每次在恼怒的情绪生起时，没有认真加以对治。他的心本身并不是一颗愤怒的心。

负面情绪会破坏我们内心的安宁，有些是短暂的，有些更持久，而这种更持久的破坏往往也来自我们自己对负面情绪的看法。比如说，当我们身陷危险中，恐惧可能让我们更加警觉、灵敏，做出一些在平常状态下无法做到的事。这种恐惧对我们的身心不会造成很大的伤害，有时甚至能化险为夷，但是如果我们左思右想，抓住恐惧感不放，还不断添加丰富的想象，心里只能越来越害怕，最后完全被自己制造的恐怖情绪淹没。仇恨、悲伤、焦虑等等也都是这样。

人们常说凡事要想开一点。想开一点就是不强化对事件和情绪的负面认知，不在心里编故事夸大、加重感受。**自律的一个重要方面是不让自己沉浸在对人对事的无益的想象中。**

我们根据自己的经验可以知道，情绪具有传染性。当一个人情绪不好的时候，周围的人都会受到影响，大家先是感到心里不痛快，接着不知不觉中传染上坏情绪，继而又把坏情绪传给别人。久而久之，大家就会共同形成一种惯常的氛围，可以是家庭氛围、工作氛围，也可以是更广泛的社会氛围。

比如你早上出门坐出租车，下车时司机找零找给你一张假币。你后来才发现，心情一下就变得很糟，到公司脸色还没缓过来，跟你打招呼的同事就会想是不是你对他有意见。他心里有气，转身就把气撒在正好进门的快递员头上。快递员没头没脑地被人训斥，很不服气，骑着摩托车在路上也就没那么礼貌了，拐弯时抢行一步。一辆轿车躲避不及撞上前面的车，两位司机开始互相指责……再说你收到假币，很自然的反应就是想办法把它花出去。那位出租车司机也是从前面的乘客那里收到的假币，他也是被骗了，他又接着骗你，你被骗了，转过头来又想着骗别人。你们平时都是和气、诚实的好人，可是在坏情绪的传染、影响下，却侵犯性十足地生气、迁怒、互不相让，甚至骗人。如果大部分人都这样，就会形成一个焦虑、不信任、自私、粗暴的氛围，在这样的氛围里生活，大概没有人会感到幸福。

负面情绪具有欺骗性，它让我们相信可以从中得到保护和满足。很多时候，我们发怒是因为觉得这样我们会更强大，可是你看辩论中，往往是理屈词穷、眼看败局已定的那一方先失去耐心甚至开始攻击谩骂。同样的，傲慢恰恰暴露的是一个人性格的不成熟和内涵的不够丰厚。没有什么比贪婪更具欺骗性，我们总以为自己不快乐的原因是拥有的太少或想要的没得到。虽然正当合理的需求与过度奢求之间的区别不是三言两语能说清楚的，也没有一个统一的标准，但如果我们更多关注的是得到某种东西或实现某种状态，而不是这个东西、这种状态给我们带来的快乐和满足，我们就该小心，不要被贪婪牵着鼻子走。比如我们要生存就必须吃东西，但是如果我们关注的是吃而不是吃饱，就很容易吃过头。过度饮食的结果不是强壮身体，反而给身体带来损害。

对负面情绪进行仔细观察，我们会慢慢发现，负面情绪的存在直接意味着幸福感的缺失。**没有自律，无论是建设自己的幸福生活，还是建设大家共同的幸福生活，都不会有太大的效果。**

然而，自律不是压抑情感，不是遵循强制的规定，也不是要做出一副道德楷模的样子给人看。自律的动机是考虑他人的感受，不想因为自己的不当行为给他人带来伤害，让他人痛苦。作为佛教徒，我们远离十恶业，守持居士戒、别解脱戒，都是出于这个目的：不伤害。

五、慈 悲

幸福感源自内心的安宁，而仅仅克制负面情绪尚不足以建立强大、平和的内心世界，我们还需要主动去培养正面、积极的心态和情感。

像前面讲到地震过后，大家慷慨地向灾区伸出援手，与灾区的人们共渡难关。其实，大家克服的不仅是外在的自然灾难，也是自己内心的消极面；建设的不仅是外在的家园，也是自己的精神家园。

有一位五岁的小朋友回到家不好意思地对爸爸说，她今天不够坚强，在幼儿园哭了。爸爸问为什么。她说，因为想到了灾区的小朋友。这位父亲后来说："女儿的善良让我感到骄傲、幸福。"

地震带来了巨大的苦难，但人类美好善良的情感却能够化解心中的苦难，仅仅是一念同情也是一股净化人心的力量，它让我们的人格不断成熟完善。

每个人都有善良的一面，关键是我们要知道怎样去激发和培养这些会给自己和其他人带来幸福感的品质。

布施是突破自我局限性的有效方法。有人把布施比作赠人玫瑰，手留余香。布施中，受者、施者双方都会获得利益：受者免受匮乏之苦，施者也从中收获了喜悦和自尊。布施有很多种，像大家给灾区捐款捐物就是财物布施。这不是只在灾难中才能去做的事，日常生活里，我们照样可以布施，比如去资助贫穷的人和其他处境不利的人，去帮助那些上不起学的孩子，让他们有机会受教育。

不要觉得非得有多大的财力才能去布施，关键不在财物多少，而在发心是否真诚。布施不是为了做给别人看的，所以它甚至都不必与所谓慈善行为挂钩。你可以特意绕道去关照小区门口那家快餐店的生意，也可以为了创造一个就业机会而请保姆来家里帮忙。很多人都生活在匮乏之中，需要改善生活，但并不是所有人都愿意接受施舍。给别人一个自食其力的机会，从广义上来说，也是一种布施。

我们不仅可以捐助财物，还可以贡献时间和精力去帮助有需要的人。我知道，很多人去灾区做志愿者，照顾伤员，协助沟通。灾难过后，我们的社会继续需要这种志愿服务，帮助孤儿、残疾人、孤寡老人、流浪者。这个世界的问题不仅是贫穷和饥饿，还有孤独和冷漠。

佛教中有法布施，就是为人讲解佛法，让人获得利益。其实我们可以从更广泛的意义上理解法布施。就思想而言，凡是符合四法印（**诸行无常、有漏皆苦、诸法无我、涅槃寂静**）的思想都可以纳入佛教思想的范畴；就行为而言，凡是弃恶扬善的行为都是佛教倡导的行为。

所以，劝人行善，在别人困难的时候给予安慰、鼓励，帮助他们树立积极的价值观、人生观，使他们成为更有爱心和责任感、人格更完整的人，这些都是法布施。

布施让我们学会放松，不再把一切都紧紧抓在手中，也不再只关注自己。我们惊奇地发现：**原来给予是会让人感到丰足而不是贫乏的。**

布施的目的是学习放下对自我的执着，从而更好地帮助别人，所以布施的发心很重要。如果是为了作秀或者竞争，那么布施反而强化了对自我的执着，并且施者从中得到的快乐和自尊也会极其有限。

我们一直以来都有很强烈的贫乏感，觉得自己各方面都不够令人满意。这种情况在现代社会表现得更为突出，尤其是在大城市，人们或多或少都被一股莫名的焦虑、不满困扰。

这背后的原因很复杂，不过我想一些看上去简单的方法也许会有所帮助，比如学习欣赏自己生活中的亮点。情绪低落的时候想一想其实自己还不是很惨，至少还有一个人关心我，还有一个地方栖身，还有一份工作，自己也不是一无是处，唱歌不错，还会修电脑，也曾经做过好事，比如在公交车上给人让座……多想想自己的优点，心情会开朗一些。

乐观、知足是现代人很需要去培养的心态，否则，面对竞争的压力、各种各样的选择和诱惑，生活很容易便会失去平衡并笼罩在焦虑的阴影中。调整心态从来不是一件容易的事，但为了自己和其他人的幸福，我们应该努力去做。

有时，我们的悲惨处境可能完全是自己想象出来的，实际情况远没那么糟，但即使是真的陷入困境，也要学会忍辱。

忍辱指不畏艰难，能够忍耐并有勇气克服困难，同时对一切，即使对有可能伤害自己的人，也不失去慈悲心。

讲到不畏艰难，人们总认为那主要与意志力有关。的确，有人仅凭坚强的毅力就可以挺过难关，但这不是我所说的忍辱。忍辱是因为了知事情的缘起、因果，而坦然接受自己的处境，这与怯懦完全不同。**忍辱中的勇气也不是来自意志力，而是来自内心的柔软和开放。**在生活困难的打击下，努力不让内心变得僵硬麻木，就算在最难的时刻，也要努力保持心中的善意。

地震中有一个女孩子在废墟下压了十几个小时，被救出来的那一刻，她对营救队员说："打扰你们了，我一辈子都不会忘记你们。"很多人被女孩子的话深深打动，也有人说她只是汉语表达能力不好，情绪激动之下词不达意。也许她真的汉语不够好，用词不够准确，但是她要表达的意思是很明显的：给大家添麻烦了，她感到很抱歉！在这种情况下，这位可爱的女孩没有想自己是多么不幸、无辜，她满怀谦卑地向别人表达着心中的感激和善意。

因为忍辱，我们在困难中才不会轻易被负面情绪击垮，而是保持判断力，采取适当的、平和的方式解决问题，避免进一步的伤害。忍辱也让我们宽容、理性，与人融洽相处，建立友谊。所以，**忍辱的另一层含义是容忍**。承认世界的多样性，尊重分歧和不同，这的确很难，因为人人都只想改变别人，不想改变自己。

转化内心是艰难的，无始以来形成的顽固习气不是一朝一夕能够改变的，我们要学会忍辱，忍受、克服修行路上的困难挫折，心中始终不忘我们的目标是有情众生都远离痛苦、获得安乐。

愿逝者往生西方极乐净土！愿通过我们的善心善行，为生者创造一片人间净土！

附言：玉树的简短开示

2010 年 4 月 14 日清晨，青海玉树发生强烈地震！

几天来，面对不断上升的伤亡数字，相信所有人都愈来愈悲痛。

灾难让我们更清醒地认识到生命的无常和忧患，也更让我们懂得出离心、慈悲的意义。

大灾当前，我们要积极向灾区人们伸出援手，尽己所能地帮助他们。喇荣五明佛学院在地震发生后迅速做出反应，捐款捐物并组织救援队，学院主要的堪布、活佛和管家大都加入了救灾第一线。到目前为止，已有近千人进入灾区，在废墟中找人救人，为遇难者念经超度，给饥寒交迫中的生还者送去食品、棉衣被以及精神上的安慰。我身边的很多人，我所知道的其他很多寺庙、道场，也都在第一时间向灾区发出援助。

对那些在灾难中失去生命的人以及正在遭受伤痛折磨的人，作为佛弟子，我们还要以佛教特有的方式为他们修持善法，愿凭借善法的功德和三宝的加持，逝者能够往生，生者早日脱离苦难。

大慈大悲的观世音菩萨是十方诸佛无量悲心的化现，若在灾难来临时不退失对三宝的信心，至诚念诵观音菩萨心咒，持诵观音菩萨圣号，观音菩萨一定会闻声救度，为众生拔除苦难，因为这是观音菩萨往昔发下的殊胜大愿。

我因疾病在身不能前往灾区，虽然靠喇荣佛学院的师兄弟以及扎西持林的道友们帮忙，我也得以向灾区同胞献上了自己微薄的心意，但我仍然安不下心来，我想在后方为他们多做一些事情。所以，自地震日起四十九天内，我希望与大家共修观音菩萨心咒"唵嘛呢叭咪吽"和观音圣号，这将有助于亡者早日离苦得乐，最终往生西方极乐世界。

在念诵观音心咒之外，大家还可以根据自己的具体情况放生、供灯或行持其他善法，把功德回向给所有因灾难感受痛苦的众生。

发心参加这次共修的人可以通过网站报名报数，将每个人有限的功德最终融入共修的功德大海，帮助众生，利益众生。这样的善行会让我们短暂而无常的人生更有意义。

让我们一起祈愿所有众生远离苦难，祈愿所有众生都能得到观音菩萨的加持，趣入善法，愿灾难永远不再降临！

唵嘛呢叭咪吽！

希阿荣博

2010 年 4 月 16 日

第二部

佛门

我们寻遍整个世界，发现佛法可以让我们的心得到安乐。

我们寻遍整个世界，发现佛法可以让我们的心得到安乐。

| 第一章 |

入佛门

在北京养病期间，我接触到了一些人，他们当中有的是刚刚皈依的佛弟子，有的是对佛教中慈悲心、菩提心等教义非常向往，但因为对佛教缺少了解，至今还没有皈依三宝。所以，我想就"皈依"以及"我们为什么要皈依三宝"，给大家讲一讲。

我们今天所处的时代科学技术高速发展，物质生活也非常富足，但生活在这个世界上的人看起来并不安乐，物质的富足无法从根本上消除人们内心的痛苦。大家主要生活在城市，关于这一点比我的体会更深。

我们寻遍整个世界，发现佛法可以让我们的心得到安乐。

我从小生活在藏地，在我的家乡，藏民们生活非常贫困。在追求富足的生活这一点上，藏族人与汉族人没有什么不一样，但因为那里的人们信仰佛教，由于佛法的加持，大家的心都非常安乐。夏天，在美丽的草原上，到处都能看见藏民们自发地聚集在一起唱歌、跳舞，无比快乐，而在其他地方很少会看到这样的景象。

近年来，我还听说在其他地方，每年都有很多人因为各种各样的原因自杀，而且自杀的人数还在逐年增加。这个世界上真正不怕死的人可能一个也没有，但用结束自己生命的方式来摆脱现世，可以看出这些人心里承受着怎样的痛苦！在藏地，这种事以前从来没有听说过，我想这肯定和藏族人信仰佛教有很大的关系。所以我希望大家不管是不是信仰佛教，为了能让自己的心获得暂时与究竟的安乐，最终得到真正的解脱，至少应该先了解一下佛教。

作为一名佛教徒，我很清楚地知道佛教绝不是像有些人所讲是迷信、虚无的。恰恰相反，由于我们的本师释迦牟尼佛的无量悲心与深广智慧，他的教法对所有众生都会有极大的帮助，特别是在我们面对死亡的时候。

一个人如果没有学习佛法，不管他多么富有，也不管他怎样地位显赫，在生死关头，他所拥有的一切都不能让他得到真实的利益。

前几天一个在国外留学的女孩来见我，她今年只有十七岁，她告诉我，她同学的父亲是一个在世界上非常有地位和声望的人，他们家很富有，吃穿住用可以说是这个世界上最好的。不久前这位父亲查出患有白血病，全家人非常难过，尤其是病人本人，终日生活在死亡的阴影里，极度恐惧，痛苦不堪。此时此刻，他一生积累下来的财富、得到的地位不但无法让他的痛苦有丝毫的减轻，反而因为执着，让他更加痛苦。

看到这些，这个十七岁的女孩深有感触：很多人都会将财富、地位当作人生的目标并为之奋斗，但当我们不得不离开这个世界的时候，财富与地位不会有一丝一毫的帮助。

所以她将来绝不会像她所看到的大多数人一样，用尽全力去追求金钱、地位，她要回国过简单的生活，努力修学佛法，寻求真正的解脱。女孩的家庭条件非常好，成长也一帆风顺，但她在这个年龄就能对人生有这样的感悟，的确让我吃惊不小。

我们今天在座的大都是成年人，阅历比这个女孩要多很多，我们就更应该知道取舍。

一个人用尽一生去追求名利，但在生死关头，名利远不如一句观音菩萨心咒有加持。

相反，如果一个人真正地将佛法作为自己一生的信仰，信心始终不退，就一定会得到上师三宝不可思议的加持，在面对死亡时也会非常从容。

我在福建有一名弟子，几年前皈依后修法非常精进，对三宝的信心日益增上。前年她被查出患有癌症，而且是晚期。在生命快要结束的时候，因为佛法的加持，她并没有惊慌失措，而是利用有限的时间把自己身后的一切安排妥当，包括平时供养的佛像等全部结缘给了道友，只留下一张上师的法像放在枕边。她担心自己在弥留之际可能会神志不清，而对往生产生障碍，就决定不让医生打止痛针以便能随时保持清醒。同时嘱咐家人在最后时刻不要让她最执着的外孙出现在她的病床前。家人虽然不信佛，但还是按照她的要求做了。

临终时，她的女儿给我打来电话，说母亲很快不行了，我让她女儿把电话放到她的耳边，通过电话为她念诵了破瓦法和佛菩萨的名号，大约三十分钟后，家人看见她双手合十，表情安详，顺利往生。见此情景，她本不信佛的女儿、女婿等家人也对佛法生起了巨大的信心，我再次去福建时，他们全家都皈依了三宝，和她一样也成为虔诚的佛教徒。

我讲这两个故事的目的是想告诉大家：在不久的将来，我们所有人都不得不面对死亡，而从上面这两个人在死亡面前的表现可以看出，佛法真实不虚，佛法的加持不可思议，特别是我们在人生最关键的时候，依靠佛法可以帮助我们走向解脱。

所以，为了我们这一世得到真正的安乐，将来往生西方极乐世界，我真心希望大家都能认真地学习佛法。

学习佛法最初应当皈依三宝。

我以前也听到过很多人讲：我只要做到心中有佛就行，没有必要走一个皈依的形式。

"心中有佛"很好，这肯定是往昔与佛法结过缘、积累了很多善业的显现。但仅仅是心中有佛，还不能算作真正的佛弟子。

皈依的仪式，对于一个刚刚进入佛门的人来讲是无法省略的，大家可以想一想，当我们怀着一颗虔诚的心，来到上师面前，平生第一次向庄严的佛像顶礼供养，然后双手合十，一面跟着上师念诵皈依的仪轨，一面心中发愿自此以后生生世世皈依上师、皈依佛、皈依法、皈依僧的时候，我们的心在此时肯定会发生很大的转变。而如果没有皈依，你还不能算是一个真正的佛教徒，得不到皈依的戒体。

当年印度的大成就者阿底峡尊者讲道："皈依的戒体是居士戒、菩萨戒和密乘戒的基础（注：居士戒、菩萨戒、密乘戒也一定要按照仪轨受持）。"没有皈依戒，所有的戒体都无法得到，没有这些戒体，很多法就修持不了。不修持佛法，佛法不会无因无缘地流入自己的相续，这样也就无法得到解脱。所以，如法皈依是开启一切正法之门。

阿底峡尊者还曾讲道："内外道以皈依别。"尊者来到藏地后，几乎在所有的法会上都要首先宣讲皈依，以至于被人们称为"皈依班智达"。阿底峡尊者是印度、中国西藏两地公认的持教大德，也是在藏传佛教中开创佛法后弘期的领袖，这样的大成就者都如此重视皈依，可以看出皈依对于一个学佛人是多么重要。

还有一些人，因为担心皈依后会像出家人一样什么都不能做，而不敢皈依。有这种想法是因为不了解皈依的戒律。

皈依的戒律是释迦牟尼佛为了让凡夫最初趋入佛法而制定的，内容非常简单，也很容易守持，可以说任何一个心中寻求解脱的人都应该能做到。

皈依的条件中最主要的就是对上师三宝生起不退的信心，任何情况下，哪怕是自己的生命受到了威胁，也不舍弃上师与佛法僧三宝。有了这样的信心和决心，就具备了皈依的基本条件，可以皈依。

如果在皈依时心里对三宝没有真实的信心，只是在形式上磕个头、领个皈依证、得到一个法名等等，我想这还不能算是真正的皈依。在藏地，人们手里并没有皈依证，但他们中的大多数人都是非常虔诚的佛弟子，对上师三宝具有坚定的信心。所以大家在皈依时，首先应该让自己真正具足对三宝的信心，而不要过分强调形式上的东西。

我们平时所讲的皈依三宝，是指皈依佛、皈依法和皈依僧：

皈依佛是将本师释迦牟尼佛以及与释迦牟尼佛一样证得无上正等觉的十方三世诸佛，如阿弥陀佛、药师佛等，作为自己修行路上的唯一导师，除佛陀以外不寻求和皈依其他任何导师。

皈依法是将释迦牟尼佛为利益众生而传承下来的八万四千法门，全部作为自己修学的方法和道路，包括汉传、藏传以及南传佛教的所有教法，除此以外不寻求其他的方法和道路。

皈依僧是指将释迦牟尼佛教法下的出家人作为自己修行路上的道友，除此以外不寻求其他的道友。具体地讲，小乘佛法中，出家人四人以上可以称作僧团；大乘佛法中，一个开悟的出家人或者在家人也可以称为僧宝。

皈依三宝以后就正式进入佛门，成为一名真正的佛弟子。进入佛门应该开始修持佛法，如果仅仅是进入佛门而不闻思修行，正法很难融入我们的相续。

在修持佛法时，首先应当生起出离心。出离心是对六道当中所有的享受与安乐没有希求、贪恋之心，只有希求解脱之心。这非常重要，没有出离心，我们所做的善法功德不会成为解脱之因。

生起出离心后如果能像米拉日巴尊者那样将世俗的事全部放下，一心修行，当然是最好的，但一般人很难做到，不仅是在家人，就是一些出家人要做到这一点也很困难。如果不能将世俗的事全部放下，心里也一定要明白：**解脱才是自己这一生最重要也是最终的目标。**然后，一步一步地修行，这样坚持下去，对世间的执着与贪恋就会慢慢减轻，最终得到解脱。

比如我们去拉萨，首先一定要将到达拉萨作为最终目标，然后一步步向着拉萨前进，不管遇到什么违缘，也不改变最初的发心，这样，总有一天我们会到达拉萨。相反，如果一个人把财富、地位等当作自己的人生目标，不管你表面上修持什么法，解脱肯定是没有希望的。

生起出离心后，还应该在出离心的基础上培养菩提心。菩提心是指在皈依或者在将来行持善法时，不仅仅是为了自己的解脱和安乐，而且是发愿为了所有众生成就佛果而皈依三宝、修持佛法。没有菩提心，我们是不会成佛的。

刚进入佛门的人立即就生起菩提心会有些困难。华智仁波切在《普贤上师言教》当中，告诉我们一些修行菩提心的方法，比如大家可以先从自己的家人、朋友开始观想，对他们生起菩提心与慈悲心；然后慢慢地推及普通的与自己无关的人，对他们也生起菩提心与慈悲心；最后要对伤害过自己的敌人也修持菩提心与慈悲心，这样一步步修行，最终自己的相续中肯定会生起真实的菩提心。

如果我们能在菩提心的摄持下修持，那么我们所做的一切善根，全都会成为我们成佛的种子。

出离心和菩提心，是我们在皈依时应该具备的发心。如果皈依时，你的发心是为了自己今生的财富圆满、家庭和睦、事业顺利等，这样的发心已经偏离了皈依和学佛的正道。

正因为出离心、菩提心非常重要，被誉为"雪域真正文殊菩萨"的宗喀巴大师也在著名的《三主要道》中宣讲了成就佛果需要具备的最主要的三个条件：出离心、菩提心与无二智慧。从宗喀巴大师的教言可以看出，出离心、菩提心对于我们成佛是多么重要！

大家皈依上师三宝后，就成为佛菩萨的弟子，所以我希望你们今后能够做到不杀生。因为杀生的行为与慈悲心、菩提心直接相违。

有的人想，我们人与人之间的确应该相互平等，对待动物就不一定。其实有这样想法的人只是没有经过认真的观察，只要我们仔细观察，就会发现动物与人类相比只是不会讲人类的语言而已，它们对于苦乐的感受与人类没有什么差别。天冷的时候它们会聚在一起取暖，天热的时候也会找一个凉快的地方纳凉。这些年我在藏地和其他地方放生，在屠宰场里看到那些待宰的牛羊，它们看见前面的同类被杀掉，惊恐万状，和人一样会因为害怕而哭泣，有的甚至跪下来向人祈求。所以，认为只是人与人之间应该平等，人与动物不用平等，从佛教的角度来讲还不是真正的平等心。

杀害众生，不但与慈悲心、菩提心相违，其果报也非常严重。华智仁波切曾经讲过："若杀一有情，需偿五百生。"《百业经》云："有情之诸业，百劫不坏灭，缘合应际时，其果定成熟。"如果伤害了众生的生命，没有忏悔，这个果报将来肯定会落到自己的身上。大家想一想，我们平时被针扎一下都可能受不了，到那时怎么去忍受？为了自利利他，大家今后要尽量避免杀生。

另外，在皈依后你们最好能吃素。吃素不仅是汉传佛教，也是藏传佛教和南传佛教共同提倡的。

现在，吃素的因缘具足，现代科学也证明了吃素对人体健康有很大好处。佛教认为吃素不但能令今生健康长寿，而且对将来的往生也会有很大帮助。如果因为各种原因暂时无法做到吃素，也只能吃一些三净肉。三净肉是指没有听到、看到、怀疑是为自己所杀的肉。虽然吃三净肉的果报也很大，但比杀生要好很多。

有的人可能因为习气，每天都要吃肉，这样的人应该从每天少吃一点肉做起，再在每月佛菩萨的节日时吃素，然后在神变月、佛陀转法轮月期间吃素，最后一步步彻底不吃肉。**减少吃肉，也会救很多生命**，这是我对大家的希望。

皈依后大家还要精进地修持佛法，否则，就像把医生开出的药放置一旁不吃，很难真正得到佛法的利益。

你今年什么样，明年还是这样，最后到死亡时也不会有进步的。真的到死亡的那一刻，你一定会后悔的。

有的人讲，这几年我很忙，等将来退休有了时间再修行。人的生命是无常的，不要说退休，就是明年这里的几十个人能不能都在人世也很难讲的。现在不趁着身心自由的时候修行，以后在恶业成熟时能不能有机会很难说。

几个月前，扎西持林的达森堪布去为一位临终老人念经加持。看到达森堪布，老人说他非常后悔，因为年轻时他没有修持佛法，而且造了很多恶业。现在他已经感受到了无比的痛苦，如果就这样死去，很可能会堕入更加痛苦的恶趣中。老人拼命祈求堪布加持，让他的生命哪怕再延续一年，他保证一年中一定放下所有的俗务一心修法，这样他也许可以不堕入恶道。但众生的业力不可思议，在达森堪布回到扎西持林不久，这位老人就去世了。

听到这个故事我也感到非常痛心。我想在座的所有人将来都肯定会面对死亡，我们寻遍整个南瞻部洲，发现佛法能让我们今生得到安乐、脱离苦海。我们在这一世有缘得遇佛法，一定要抓紧时间好好修持。

最后，我想再讲一件事。今天下午，有一位女士来见我。她说她本来对释迦牟尼佛的教法很有信心，也想过皈依三宝，但她周围有不少已经皈依的人讲起佛法来头头是道，平时为人处世却很差劲，还不如一些没有学佛的普通人，看到这些她就不想皈依了。我给她解释说，她看到的只是表面上皈依，没有真正地将佛法融入相续的人。

我们作为佛弟子，在修持佛法的同时，一定还要注意完善自己的人格与修养，让那些还没有皈依三宝的人从我们身心的改变上看到佛法的加持和力量。这样就会有越来越多的人皈依佛门，得到解脱与安乐，佛法也会日益兴盛。否则，别人看到我们表面上虽然在学佛，世间人格却很低劣，就会像这位女士一样，对佛法产生偏见和误解。这样的话，我们对不起我们的老师释迦牟尼佛！

现在我们已经是上师与弟子的关系，作为上师，我对你们没有别的要求，只希望大家在皈依之后，不要因为自己不如法的行为给佛教带来损害。

希阿荣博
2008 年年初为信众开示
弟子现场笔录整理

堪布青年时代的法像

| 第二章 |

如何做功课

从皈依开始，不论你的工作多忙，每天都应当拿出一定的时间来修行，这对我们将来的解脱非常重要。

很多人皈依佛门后，还要继续扮演自己在社会、家庭中的角色，但是，**不论你在世间做什么，都一定要把从轮回中获得解脱作为人生的最终目标。**

没有这份出离心是无法摆脱痛苦的。关于轮回的痛苦，我们应该深刻了知，从轮回中获得解脱的主要障碍，就是我们无始以来因无明而形成的习气和造下的业障。

虽然佛菩萨已经为我们宣说了清净业障的诸多法门，但只有我们将这些教法真正地付诸实修，才能得到佛法的殊胜利益，所以释迦牟尼佛也曾经说过："吾为汝说解脱道，当知解脱依自己。"

要求大家马上舍弃世俗生活，去山洞中闭关修行，对很多人来说是不现实的，但我也不希望大家以世间生活作为理由放弃修行佛法。

不要以为只要皈依了就万事大吉，日后的解脱就打包票了。皈依后一点也不修行，是很难有进步的。所以我想从皈依开始，不论你的工作多忙，每天都应当拿出一定的时间来修行，这对于我们将来的解脱非常重要。

每天修行的内容，一般来说是按照上师的要求或者根据自己的情况确定，通常包括静坐、观想和念诵经文及佛菩萨的咒语圣号等，这就是我们佛教徒所说的"做功课"。

大家要知道，经文和心咒都是佛菩萨为利益众生而宣说的金刚语，对我们相续的改变有着不可思议的加持。

功课包括每天早晚固定时间做的早课、晚课和非固定时间持诵的心咒、圣号。

做早、晚课之前，请大家尽量关闭手机、电视、电脑，拔掉电话线，让自己的心安静下来。凡夫的心非常容易受到外界干扰，我自己对此也深有感触，有时在做功课时来电话，接也不是，不接也不是，非常为难。让大家关掉手机等，就是要尽量避免这些干扰。

几年前，扎西持林为了工作方便，给达森堪布配了一部电话，但没过多久，堪布就说电话对修行人的干扰实在太大了。他把扎西持林的出家人召集到一起，对大家说："扎西持林是真正修行人住的地方，聪达和丹增尼玛两人因为工作原因确实需要电话，但其他人不需要。"说完，堪布从地上捡起一块石头把电话机砸了。

从那时起到现在，扎西持林除了聪达和丹增尼玛外，其他的出家人都没有手机，也不允许安装电话。去过扎西持林的人都了解，达森堪布是非常好的修行人，连他都感到电话对修行的干扰，我们作为普通人就更要注意。

除了以上所说的干扰外，我们在日常生活中还会遇到其他各种各样的干扰。这些干扰时时刻刻扰乱着我们的心。你们不要以为只有面目可怖、张牙舞爪的形象才是魔鬼，其实所有干扰修行、障碍解脱的事物都是魔王波旬的化现。它经常隐藏在看似平常的事物后面，扰乱我们的心，如果不能认清它的本质，就很难得到解脱。

准备好后，开始做早课。

一、早课

1.先在佛堂供水、供香，并于佛像前顶礼三次，礼毕以"毗卢七法"的坐式在禅垫上安坐。

所谓"毗卢七法"是：（1）坐式，两腿都盘起的金刚跏趺坐，如果做不到，半跏趺坐也可以，跏趺坐能够让身体很快获得轻安等五种功德；（2）身体要正直，不能过于前屈或后仰，这样可以不生起昏沉、掉举，在密宗当中说，身若正，则脉正，脉正心也就正直；（3）头要稍微往前低；（4）眼睛微闭，垂视鼻尖；

（5）舌尖抵上腭；（6）两手臂要展开，肩臂平齐，不要内收；（7）双手要结定印。

气息缓慢出入自然，渐至微细无声。这样让自己的心沉静下来，安住一段时间。

2.然后，开始对呼吸做调整。

具体方法是：先以左手的拇指压住左手的无名指根部，其余四个手指依次压在拇指上，这样手就握成了一个拳头，这叫金刚拳。

左手握好金刚拳，将金刚拳压在左腿根部的动脉上，然后右手也以同样的方法握成金刚拳，并用右手的食指或中指压住右侧的鼻孔，让气息从左侧鼻孔呼出，此时观想自己无始以来所积累的业障在身体中变成黑色浊气从左侧鼻孔排出，如此缓缓呼气三次。

接着用右手的金刚拳压住右腿根部的动脉，用左手金刚拳的食指或中指压住左侧鼻孔，用右侧鼻孔呼气三次，观想同前。

最后用左、右手的金刚拳同时压住双腿根部的动脉，用两个鼻孔同时呼气三次，观想也与前面一样。

之所以握拳并压住无名指的根部和大腿根部的动脉处，是因为这两个地方有两个脉。压住它，可以让我们很快断除杂念，心安静下来。

3.气息调整后，开始回想自己昨夜的梦境。

如果在梦里做善事，说明自己修行有了一些进步，应当生起欢喜心，并观想将这些功德供养上师三宝、回向给六道众生；如果在梦里做恶事，说明修行不是很精进，要立即忏悔并祈祷上师三宝的加持。

4. 然后开始修"上师瑜伽"。

常有人问我：观想上师，是观想上师本人的形象好还是把上师观想成本尊好？

这要依你个人的具体情况而定。如果你真正相信自己的上师就是佛，是佛以人的形象出现来度化自己，对此你没有一丝一毫的怀疑，那么你可以在修法时直接观想上师本人的形象。如果你只是把上师观想成佛，而对于上师就是佛这一点仍有疑惑，修法时则可把上师观想成本尊。或者你虽然对上师就是佛还有疑惑，但直接观想上师比观想本尊更让你觉得有加持力，那么修法时也可以以上师的形象做观想。

观想上师在自己头顶正上方，面向前方，或在离自己头顶一肘高的斜上方，面向自己，或者把上师观想成本尊，同样在上述位置。如此一边观想，一边念诵上师瑜伽。念完后开始祈祷上师，上师若有心咒的话，此时也可以念上师心咒。念诵结束后，观想上师变成一个明点，由头顶融入自己心间，这时想：希望自己也和上师一样功德圆满。然后观想自己的心与上师的心无二无别，安住一段时间，出定。入定时间可长可短，由个人能力决定。

上师瑜伽是一切教法的源头，直指诸法实相，虽是无上究竟法门，却易懂易行，随时随地都可以修持。

每天早晨醒来，观想上师从心间的莲花中跃然而出，如鱼儿跃出水面，活泼而利索，一下升至头顶上方；晚上睡觉时，右侧吉祥卧，观想上师从头顶进入心间的莲花上，上师身体发光，照亮自己及周围的一切；吃饭时，观想上师在自己的喉部，美味的食物都敬请上师享用；走路时，观想上师在自己右肩的上方；感受快乐时，想到这是上师的恩赐；生病、受排挤、被诽谤等处于逆境时，想到这是我的果报。慈悲的上师加持我，让我在还有能力清净以往业障的时候，经历这一切，抓住机会体验他人的痛苦，从而更快地生起菩提心。

　　也可以观想自己变成一个五色明点，迅速融入上师心间。上师不断往上升，越来越高，越来越远。如此观想，安住于自心与上师心无二无别中。

　　总之，把行住坐卧间一切所见所闻都观想成上师的化现。这都源于上师，就像阳光源于太阳。

　　经常想上师的功德、上师对自己的恩德，并诚心祈祷上师或念诵上师的心咒。相信上师没有一刻离开过自己，因此对上师的恭敬也不要有一刻懈怠。

5. 早课的"上师瑜伽"修完后，就可以开始"念诵"功课。

　　一般情况下，大家可以按照《显密念诵集》的顺序，即从第一页的《语加持》开始念诵，然后是《八吉祥颂》《供养仪轨》《普贤行愿品（七支供）》《发心仪轨》《大自在祈祷文》《文殊礼赞》《释迦牟尼佛修法仪轨》等。

在念诵前，先熟悉诵词汉文的意思，然后按藏音念诵，这样最好。如果暂时做不到，需要尽快地熟练。

除以上这些内容外，还有《金刚经》，这部经典可以说涵盖了般若法门的精华。任何一个人要将大藏经中的《大般若经》念诵一遍都非常困难，但念诵一遍《金刚经》也就十几分钟的时间，却与念诵《大般若经》有着同样的功德。经常修持念诵《金刚经》，可以让我们迅速清净无始劫以来的业障、开启智慧，所以我在给大家结缘《金刚经》法本时，要求大家最好每天都能念诵一遍。

《心经》更是文字简短、意义深远。以前有不少出家人就是在念诵修持《心经》时开悟的，并显现出许多不可思议的行为。还有《随念三宝经》，这部经典可以让我们忆念三宝的功德，对三宝生起感恩之心。在藏地一些寺庙召开法会前，全体僧众都会共念这部经。《三十五佛忏悔文》对于我们清净"身、语、意"三门所造下的业障也有很大的帮助。

刚才我提到的这几部佛经文字非常短，每天念诵一遍应该很容易做到。另外，大家还可以根据自己的情况，念诵《大圆满基道果无别发愿文》《开显解脱道》《极乐愿文》《上师供修法仪轨》等。

法王如意宝说"上师供"非常殊胜，能加持修行者迅速开悟。按上师瑜伽的方法修"上师供"也可以。

6. 早课完成后，根据自己修法的情况，在一天中，随时随

地念诵本尊修法和本尊心咒并认真计数。

二、晚课

1. 晚课时，应该再在佛堂供香、顶礼。

2. 之后，开始回想自己在过去的这一天当中是行持了善业还是造下了恶业，对于所行持的善业，应该欢喜，并将功德供养给上师三宝；对于所造下的恶业，要立即念诵金刚萨埵百字明忏悔。

根据《普贤上师言教》中所说，如果我们每天念诵二十一遍百字明，恶业不会增长；如果每天能够念诵一百零八遍百字明，一天所造的恶业全部可以清净。所以，每天念诵百字明忏悔自己的业障非常重要。

3. 供护法的人应该先供护法，然后回顾检讨自己一天的行为。

4. 一天的修行结束时，念诵《普贤行愿品》回向发愿。

5. 最后，入睡前，观想上师由头顶进入心间，放大光明，或把上师观想成本尊，心中守持住善念入睡。

三、禅修

另外，一天当中至少要禅修半小时。

方法很简单：已经证悟心性的人，先祈祷上师，再安住于心性中，安住片刻后，从定中出来再祈祷上师，再安住，如此反复修持至少半小时；还没有开悟的人，则安住于对空性的定解中，与祈祷上师交替反复。这是速得加持、获得或巩固证悟境界的有效方法。以前法王如意宝在学院南山传授大圆满时，就是这样要求我们的。你们现在也应该按这个方法去做。

以上所讲的就是我们做功课的一些基本要求。

做任何一件善事包括做功课，都应该以"三殊胜"摄持。

大家如果每天都能坚持做功课，我想用不了多久，你们的心相续就会有改变，出离心和菩提心也会有很大增长，这是很多人的修行经历都证实了的。

也许有的人认为自己平时工作很忙，每天念诵这么多内容会很困难，不如等到将来有时间或者退休以后再修。有这样想法的人可以认真地想一想，谁能保证你能活到退休？又有谁能保证你将来会有时间修持？

扎西持林山脚下有一户人家，住着兄妹二人和各自的家庭。妹妹有三个孩子，非常可爱。每次我的车经过他们家门口，孩子们都会跑出来欢快地朝我招手。上个月，这家的哥哥到学院来见我，说他妹妹也就是三个孩子的妈妈前几天突然死了，请我为她超度。他哭着说本来一家人那天上午去参加姐姐的婚礼，不知有多开心，谁也没想到她下午回到家就死了。妹妹才二十七岁，她这一辈子也没怎么修佛法，唯一的安慰就是扎西持林在附近，妹妹有时会去那里转经，积累了一点功德。

你们看，人生就是这样，无常是不会因为你年轻、你热爱生活、你的孩子还没长大，就不降临。抓住当下，精进修持才是一个真正的佛弟子应该做的。

我这里所讲的功课内容并不是很多，如果专心念诵的话，不到一个小时就能完成。我们学佛人追求的是解脱和利益众生，如果每天用一个小时来完成功课都做不到，那么你的相续中就还没有真正生起信心和出离心。

有出离心的人，平时再忙也一定会抽出时间修行；没有出离心，可能今天做功课，明天就不做了。这样下去，虽然皈依了，也不会有很大的进步。今天这样，一年后还是这样，直到最后死亡来临时也不会有多少变化，所谓的解脱成了一句空话，到那时自己怎么后悔也来不及了。所以，我希望大家平时无论多忙，每天也一定要抽出一些时间来完成功课。这是一个佛弟子最起码应满足的要求！

希阿荣博

2008 年 8 月 28 日

藏历六月二十八日口述

9 月 5 日增补，弟子记录整理

| 第三章 |

关于前行的简短开示

　　2008 年年初，许多弟子向希阿荣博堪布祈请大圆满法的灌顶与传承。对大圆满法具足信心，诚然可贵，但堪布希望大家在修行的基础不牢固时，不要盲目地直接进入大圆满正行，而是按照法王如意宝等上师的教言，严格依照次第，从前行法开始修持，打好修行基础。

　　最近，有一些弟子向我祈请大圆满的灌顶和修法传承。

　　大圆满法确实可使凡夫在一世之内成就无上佛果，被称为九乘佛法之顶饰，极为殊胜。大家对大圆满法生起信心，肯定是往昔积累了无量福德与善业的显现。根据莲花生大士和麦彭仁波切等传承上师的教言，在末法时期大圆满法将会广弘。

　　在藏传佛教的历史上，大圆满法通常都是在非常秘密的情况下传讲的。比如我十几岁时，在家乡德格，就曾经跟随大成就者才旺晋美堪布修持大圆满法。堪布传讲《莲师六中阴修法》修行次第时，只允许三十多人参加。堪布每讲一天，我们就对当天所讲的内容进行实修。后来堪布传讲无垢光尊者所著的大圆满窍诀《法界宝藏论》修行次第，只能有七个人参加，除我年龄比较小外，其余六位都是修行很多年的出家人。

我家境贫穷，没有法本，堪布就把自己用的法本借给我，并一再嘱咐我务必在没有人的地方独自修持，甚至念诵时也不能让他人听见。依照堪布的教言，我经常一个人躲进经幡林里念诵修持。

几年后，在喇荣五明佛学院，大恩上师法王如意宝传讲《杰珍大圆满》的灌顶和窍诀，每次也只有极少数弟子能听闻。后来法王利生事业不断扩大，仅五明佛学院就有近万名常住僧众，全世界皈依法王的弟子更是不可胜数。为让更多众生得到法益，法王开始在较广范围内宣讲大圆满法。

记得有一年，法王传讲无垢光尊者的《法界宝藏论》时，一改从前只能秘密传讲此法的传统，开始在五明佛学院较大的范围内传讲，同时，他老人家还在每天授课后，特意安排一名佛学院的活佛或堪布为全体僧众做辅导。在法王传讲此论的两个多月时间里，先后有六十几位堪布、活佛为学院的僧众进行了辅导。现在看来，法王如意宝的这个安排密意深广，悲心恳切。

法王曾讲："以前能为弟子次第宣讲大圆满修行窍诀的上师本来就很少，现在就更不多了。如果我此时再不次第宣讲大圆满修行窍诀的话，非常担心今后大圆满的传播会受影响。本来我这一世可以虹化，但因为有的弟子戒律不清净，我可能不会虹化。即使这样，我也丝毫不后悔。"

以此为始，大圆满法随着法王如意宝弘法利生事业的日益广大而广为弘扬，这也正应验了莲花生大士、全知麦彭仁波切等大圆满传承祖师的授记。

现在，确实有很多人对大圆满法生起信心。但修学大圆满法，除极少数上根利智的弟子外，一般人都要严格地按照次第，从前行法开始修持，打好基础。

如果基础没有打好，一般得不到大圆满的灌顶，即使得到了，也不会有很大效果。这就像盖楼，没有打好地基，楼房就不会坚固。相反，如果前行修法的基础扎实，证悟大圆满并非难事。历史上有不少修行者就是在修持大圆满前行的过程中显现开悟的。

当年法王如意宝在五明佛学院传讲大圆满法时，也要求所有祈请大圆满传承与灌顶的弟子务必先完成前行修法。如果情况特殊，未修完前行而获得传承与灌顶的弟子，则必须发愿在最短时间内修完前行法。由此可见，前行修法对于我们最终证悟大圆满是多么重要！

大圆满前行修法包括共同外前行与不共内前行。共同外前行是显宗、密宗等教法共同的修学基础，包括暇满难得、寿命无常、轮回过患、因果不虚等，也称为"四种厌离"。

修持暇满难得、寿命无常，可以使我们断除对今生今世一切享乐的贪恋与希求之心。

在六道轮回中，三恶道的众生为苦所逼，缺乏智慧，没有闲暇修持佛法，三善道中的天道众生因为放逸，阿修罗道众生因为强烈的嫉妒心，也无暇修持佛法，真正能圆满全面地修持佛法的只有人。而在无边的轮回中想要获得人身极其困难，释迦牟尼佛曾经用大地土与掌上土的比喻来说明人身的难得。

我们自己也可以用智慧去观察，就拿我们平时都能现量看到的旁生为例，夏季里一小块草地上旁生的数量就比我们整个世界的人数还要多，更不用说地狱道和饿鬼道众生的数量了。即使转生为人，真正有缘修持佛法的又有多少呢？现在虽然有众多高僧大德在广转法轮，但在全世界六十多亿人口中，信仰佛教的不过只有三亿多。这三亿多人中真正以利益众生、追求解脱为目的而精进修持的人就更少。

我们好不容易得到宝贵人身，而它却不会持久。从出生开始，我们就不得不一步一步走向死亡。生命中顺缘少、违缘多，什么时候失去这个人身谁也不知道。我们今天在座的几十个人，明年是否都健在，谁也不能打包票。不说明年，就是下个月会怎样，谁也不知道。

记得我有一次乘坐夜班飞机，快降落时，机上的乘客看见舷窗外美丽的城市夜景，都兴奋得高呼起来，我却怎么也高兴不起来。听说这个城市有近 2000 万人口，我想用不了几十年的时间，这 2000 万人都会陆续离开这个世界，而他们当中又有多少人能得到解脱的安乐？

前几天一位信众专门从外地来见我。年仅三十岁的她不久前被查出患有癌症，已经是晚期。死亡的威胁突如其来，她非常恐惧，在我面前不断重复着一句话："现在该怎么办？现在该怎么办？"我尽力安慰她，希望她积极治疗，不要放弃对生活的信心。同时，我也要求她不管病情怎样发展，都一定要保持对正法的信心。

其实，即使我们的人生一帆风顺、无灾无病，也不过短短的几十年。

前几天一位年逾古稀的老人来见我。他是著名的学者，几年前在国外讲学时，偶然得到一本介绍佛教的英文书。读后，他吃惊地发现，自己穷尽一生研究的许多问题，释迦牟尼佛早在 2500 多年前就已经给出了答案，更让他感到不可思议的是，释迦牟尼佛与莲花生大士等关于现代社会的很多授记都准确无误。"看着授记上的文字，就好像他们亲身经历了现代社会一样，真是不可思议！上师，现在我已基本放下俗务一心修持佛法，不过遗憾的是年纪有些大了，不知道时间够不够？"他的这些话也让我很有感触。

许多人只有到了老年才真正开始关注心灵和生命价值的问题，这确实有些晚，但与他们相比，更多的人哪怕死亡迫在眉睫，也不会去思考自己将何去何从。

几年前我在一座城市的街心公园，看到很多老年人，其中身体好些的在那里下棋玩牌，消磨时间；身体差的就只能呆呆地坐在轮椅上耗费自己最后的人身，无奈地等待死亡降临，非常可怜。相比之下，有佛教信仰的人在年老后，仍会用人生最后的时间继续行持善法。因为我们相信：因果绝不会空耗，这些善行会给我们的今生与来世带来巨大的利益。我接触过许多老年居士，他们因为年轻时精进修持佛法，到了晚年身心自在，快乐充实。

今天我讲这几个故事，目的就是想告诉大家：我们虽然得到了宝贵人身，但随时都可能失去它。生命非常脆弱，违缘什么时候出现谁也不知道。即使没有任何违缘，这个人身也不过只有几十年。如果我们用如此宝贵的人身去追求名利、贪图世间享乐，那我们将没有解脱的机会。现在不放下对世间的贪执，不去修持佛法，当死亡来临时，我们将会懊悔不已。

下面再简单讲讲轮回过患、因果不虚。这一修法可以让我们断除对于来世生于善趣、享受人天安乐的希求。

如果我们这一世没有解脱，来世肯定还要在六道当中轮回。六道中，地狱的寒热、饿鬼的饥渴、旁生的愚痴、非天的争斗、天人的堕落以及人道的生老病死等痛苦可以说无量无边。

以旁生道为例，我们经常看到电视上播放一些介绍动物的影片，大多数的野生动物一出生就成为其他动物的食物，它们为了生存相互残杀，弱肉强食。

三善道中的人和天人与三恶道的众生相比，虽然暂时拥有些许安乐，但他们经历的一切其实也不离痛苦的本质：天人在福报享尽后，会有堕落之苦；人生一世，无论贫富愚智，生老病死等痛苦谁也逃不掉。

前不久，一位弟子从南方打电话给我，说她认识的当地一位很有地位的人，患上了癌症，正在住院治疗，非常痛苦。后来我与这位病人通电话，他说："以前别人怎么讲我都不信，认为人生苦短，随心所欲地生活比什么都重要，所以为了世间名利造下了很多恶业。现在果报现前，所有的痛苦都只能一个人承受，而那些争来的名利此时此刻真的没有任何意义。我现在相信因果不虚，真是后悔莫及啊！"如今不得不躺在病床上的他，发愿皈依三宝，我通过电话为他传授了皈依戒。

六道轮回中没有任何地方能让我们真正获得安乐，轮回的本质就是痛苦。

曾经有不少人问我：如果佛教所讲的轮回转世存在的话，我们现在为什么记不起前世来？因为不记得就不承认存在，这是荒谬的。

比如母亲怀你时，你是否存在呢？肯定是存在的，但我们恐怕谁也记不得在母亲子宫里生活的经历了。同样道理，人在一两岁时感受到的安乐与痛苦，在当时也是很真实的，是肯定存在的，但现在谁又能回想起来呢？所以，在我们记忆里没有的事并不一定就没有发生过。同样我们现在看不到前后世，但不能说明就没有前后世、没有轮回。有的人只是因为没有认真观察思考，才不承认轮回。如果经过观察和思考，没有谁能够真正否定佛教关于轮回、转世的观点。

说到轮回转世，我想给大家讲一个真实的故事。

在我的家乡甘孜州，从甘孜县到色达县的路上有一座莲花生大士神山——东廓神山。根据莲师授记，在鸡年的时候到东廓神山朝圣非常殊胜。2005年正好是藏历的木鸡年，大批汉藏信众来到东廓神山朝圣。当时很多人都看到神山的石头上自然显现出佛菩萨心咒、空中时常出现吉祥彩虹等瑞相。

东廓神山上生活着一些野生猴子。当地一户藏民曾在山上放生了几十只羊，山中野生猴群里有一只猴子看到放生的羊群后，竟然离开猴群，开始自觉地照顾这群羊。早上天一亮，它就赶着羊儿上山吃草，晚上把羊集中赶到一起看管。如果有外来的羊混入这个羊群，猴子马上就能发现并把外来者赶跑，如果有人接近羊群，猴子也会阻拦。当时的情形，朝拜神山的信众都亲眼见到。很多人认为这只猴子是这户人家去世亲属的转世，由于对自己亲人和家中财产的执着才这样。

当时五明佛学院的日布多杰活佛正在东廓神山闭关，他也亲眼看到了这一情景。"看着这只猴子每天放羊，真的让人觉得它就是这个家庭中的一员。"活佛曾经这样对我讲。

我想世界上没有任何一件事是无因无缘的，我们没有神通，但有神通的人一定能看到这件事背后的因缘。对于没有证悟空性的人来说，轮回真实不虚。如果我们没有舍弃对今生来世的贪恋，即使我们表面上在修持佛法，也很难从轮回中得到解脱。

以上所讲就是关于共同外前行的修法。通过修共同外前行，我们相续中应当对整个六道轮回生起真实的厌离心，逐渐放弃对现世享乐的希求，一心一意寻求解脱，这就是我们所讲的出离心。

在进入佛门后，如果能把世间一切完全放下，当然非常好。但要真正做到这点很不容易，如果暂时放不下，可以一步一步修持，逐渐放下对世间的执着，这样将来才有机会得到解脱。

打好外前行的基础非常重要。在修行时，共同外前行可以单独修，也可以与不共内前行一起修。修行前一定要仔细阅读发给大家的这本《普贤上师言教》。这个修法非常简单，也容易理解，对修行人来讲又很重要，所以在藏地宁玛巴教法中，不论是出家人还是在家人，最初进入佛门，一般都要修学《普贤上师言教》。

法王如意宝以前在佛学院几乎每年神变月都宣讲一遍。我现在包括从上师处听闻，再加上自己为弟子讲解，至少也看过几十遍了。我向大家提一个要求，就是每一个得到《普贤上师言教》法本的人都要发愿，今生至少要精读十遍。对于真正追求解脱的人来讲，这应该是非常容易做到的。

下面我简单讲一下不共内前行的修法。不共内前行包括皈依、发菩提心、金刚萨埵百字明、供养曼荼罗和磕大头五个修法，也叫"五加行"。

一、皈依

皈依就是发愿将佛教作为自己的信仰，跟随三宝修学正法。皈依不但是一切正法之门，也是得到一切戒律的基础。趋入正道，修持佛法，最终得到解脱与安乐，唯有从皈依开始。

几天前一位女士来见我，她说："师父，我的经济条件很好，在社会上的地位也不错，平时与公司里的同事在一起时，大家互相赞叹或者一起吃喝享乐，外人从表面上看，我们应该是非常快乐的。但时间一长，我一个人的时候，心里总觉得生活非常无聊，没有一点安乐可言。您说这是为什么呢？"

"你应该试着建立一种精神信仰，让自己的内心充实、安定起来。物质生活是很容易让人厌倦的，欲望没有满足时不甘心，一旦满足马上生厌。如果没有精神层面的追求和信仰，生活很容易就陷入这种不甘心和厌倦的循环中，心里越来越浮躁、空虚。真正的信仰能帮你排遣内心的负面情绪，使生活平衡喜乐。"对她的问题，我是这样回答的。

我还见过一些人，学习佛法很长时间了，不少人还定期参加寺庙组织的学习，他们讲起佛法来头头是道，却始终没有皈依。有人虽然皈依了，却连"三宝"的法义都不知道，很难说这样是真正的皈依。

一个人无论他看上去有多么高的见解、多么深的修行、多么玄妙的行为，如果对三宝没有坚定的信心，不具备随学三宝的誓愿，他就不能算是佛教徒。

1. 在修持皈依前，应该端正自己的发心。

有人皈依只为自己今生安乐，将来得到人天福报，这是下士道发心；有人是为自己解脱轮回而皈依，这是中士道发心；有人是为所有众生的解脱与成佛而皈依，这是上士道发心。大家在修持皈依时一定要按照上士道的发心修持。

2. 端正发心后，首先应该请一张皈依境的唐卡，由上师开光加持，悬挂在佛堂，开始仔细观想。 皈依境中主体显现是莲花生大士，本体是自己的根本上师。你们自己有具德上师，就观想自己的上师；如果没有上师，可以将本体观想为法王如意宝。

为什么要将本体观想为自己的上师呢？这是因为虽然往昔有无数的佛陀出世为众生宣讲正法，但我们因为自己的业力深重，没有得到解脱，现在上师重新来到我们面前，亲自赐予我们传承与灌顶，为我们开示阻塞恶趣道、开启善趣道的妙法，引导我们趋入佛地，上师对我们的恩德很大，与我们的因缘更近。

另外上师是一切功德之源，如果我们断除狡诈之心，持之以恒虔诚地祈祷上师，今生便可获得殊胜功德，所以应该将本体观想为根本上师。

3. 这样观想后，开始念诵皈依的偈颂。 按照经书的要求应该念诵十万遍，但考虑到可能会出现漏念、错计等情况，要再念诵一万遍作为补遗，所以应该圆满念诵十一万遍。念诵时一定要专心，数量虽然重要，修持的质量更重要。

每一次念诵都应当在心中发愿皈依上师三宝。这样念诵十一万遍，自己在心里也应该发愿十一万遍。如果心中没有发愿，只是有口无心地念诵了十一万遍皈依的偈颂，不会有很好的效果。这样修持，直到在自己心中生起对上师三宝不退的信心，生起宁舍生命不舍三宝的决心。在没有生起这样的信心与决心前，应该精进修持。

二、发菩提心

五加行的第二个修法是发菩提心。皈依后，是趋入大乘还是趋入小乘，最主要就是看有没有生起利益众生的菩提心。阿底峡尊者讲："大小乘以发心别。"

菩提心是我们成佛之因，如果没有菩提心，不管你的见解有多么高深，都不能成为大乘修行者，不会成佛。相反，如果有了菩提心的摄持，哪怕只念一个心咒的善根也会成为我们成佛的种子。

我接触过一些学佛人，显现上对大中观、大圆满很有信心，而对像皈依、发心这样的基础修法却不太重视，认为这些修法过于简单。其实证悟空性与修持菩提心是分不开的，如果相续中没有生起无伪的菩提心，就不会产生证悟空性的智慧，无法真正断除贪执，得到解脱与成就。

对所有众生生起菩提心，这句话说起来容易，真正做起来对一般初学者来讲比较困难。所以在修菩提心时也要认真闻思，先了解修行次第。

修持菩提心时，在皈依境前观想：无始以来在六道中轮回的众生没有一个未曾做过自己的父母，他们做父母时对我都有很大的恩德，现在他们由于无明不得不在六道中漂泊，感受痛苦。为了能让他们早日脱离轮回，我一定要修成能救度众生的佛陀的果位。这样的观想绝不是在思想上随便造作一下就可以，一定要做到表里如一！

一般初学佛的人因为对亲友贪执等原因，很难一下子在相续中生起菩提心，所以在修持时大家可以先从对自己有恩德的亲人、朋友开始观想：首先对他们生起菩提心；然后是与自己无关的普通人，对他们生起菩提心；再然后是对自己有过损害的怨敌，对他们也生起菩提心；最后将菩提心推及六道中所有众生，希求所有众生都能获得如来正等觉的果位。

念诵发菩提心的偈颂时，也应当与皈依一样，一边念诵，一边在心中发愿，圆满念诵十一万遍，心中也同样要这样发愿十一万遍。即使圆满了十一万遍的念诵观修后，还要长时间地反复观修、串习，直到自己的相续生起真实的菩提心。如果只是在散乱中念诵了十一万遍的偈颂，真实的菩提心是不会在我们的相续中生起的。

没有菩提心，要想证悟大圆满法，根本不可能。

三、金刚萨埵百字明

五加行中的第三个修法是金刚萨埵百字明。凡夫在六道中轮回，未能证悟万法实义的主要原因之一，就是我们在无始以来的轮回中所造下的罪业和积累的迷乱习气。不用说无始以来造下的恶业，仅今生今世，所杀众生的数量就已经不可胜数。"纵经千万劫，所造业不亡。"

华智仁波切讲："若杀一有情，需偿五百生。"这都是佛陀与传承上师的金刚语。

大家想一想，如果我们造的这些恶业不清净，将来果报现前，我们根本无法承受。

清净业障的方法首先就是要生起忏悔心。

在佛陀为众生宣说的诸多忏悔法门中，金刚萨埵修法被称为"忏悔之王"。诸佛菩萨在本体上没有任何区别，只是由于诸佛在因地修行时的愿力不同，在众生面前才会有不同的显现。金刚萨埵在因地时曾经发愿：如果不能使任何持我名号、向我祈祷而做忏悔的人罪障清净，我誓不成佛。

现在金刚萨埵早已成就佛果，其誓愿肯定不虚，就看我们是不是具足信心，是不是肯精进修行。

根据祖师的教言，任何人只要具足"四种对治力"，念诵金刚萨埵百字明十万遍，无始劫以来的业障全部可以清净。这是金刚萨埵的殊胜愿力所致，对此大家不用怀疑。

四种对治力简单来讲就是：（1）对金刚萨埵具足信心，诚心依止金刚萨埵的所依对治力；（2）对自己往昔所造恶业生起真实后悔心的厌患对治力；（3）发愿从现在起不再造恶业的返回对治力；（4）行持善业对治往昔所造恶业的现行对治力。这四种对治力非常重要。

如果在修持金刚萨埵法门时没有具足四种对治力，虽然对清净业障也会有帮助，但不会使我们无量劫以来的业障全部清净。另外，在以四种对治力观想时，不能忘记以菩提心来摄持。如果没有菩提心的摄持，只是为自己清净业障，为自己解脱而修持，这样业障也是很难全部清净的。

金刚萨埵百字明的修法也要念诵十一万遍。

另外，这次我应一些弟子的请求为大家念诵了《金刚萨埵修法如意宝珠》的传承。这个修法是法王如意宝1997年在光明智慧中掘取的意伏藏，传承非常清净。这个修法仪轨简单，法王如意宝还特别开许没有传承也可以修持，所以非常适合初入佛门的人。大家如果暂时没有时间修持五加行，可以先修这个法，为将来的修行打下一个基础，我想至少应该先念诵金刚萨埵心咒两百万遍。

在藏地和其他地方，很多和大家一样的在家人都曾经在我面前发愿一辈子要圆满修持金刚萨埵心咒一亿遍。两百万遍对于真心追求解脱的人来讲应该是非常容易做到的。

我们即使在修完五加行后，每天早上做功课时，仍要坚持念诵二十一遍或者是一百零八遍百字明。根据《普贤上师言教》等经论，每天如理如法地念诵二十一遍百字明，一天中所造的恶业不会增长；如果念诵一百零八遍百字明，一天内所造的业障全部清净。

金刚萨埵修法可以说是我们一生都要修持的最重要的法门。

四、供养曼荼罗

五加行中第四个修法是供养曼荼罗。我们修持佛法的最终目的是为利益众生而成就无上佛果。没有圆满福慧资粮，肯定不会获得究竟的佛果。在佛陀以大悲心，用各种善巧方便为众生宣说的诸多积累资粮的法门中，供养曼荼罗是殊胜而简单的修法。

大家修曼荼罗时，可根据自己的条件选择不同供具、供品。有条件的人，可用金、银曼荼盘，珍珠、宝石做供品；条件一般的人请一个普通曼荼盘，供品用青稞、大米等也可以。这个要求我想一般人都应该能做到。

不管用什么修法，修行时的发心都很重要。如果修曼荼罗时，只以令自己今生受用圆满、福报增上等自私自利的发心摄持，可能会暂时得到一些世间的利益，但修法已经偏离了佛法正道，不会成为我们解脱与成就之因。这一点大家一定要记住。

其实真正追求解脱的人不用过分担心自己的世间福报，只要以利益众生的发心修持佛法、积累资粮，就像点火的同时烟会自然生起一样，我们在圆满解脱与成就资粮的同时，自己的福报以及今生的安乐也会自然获得。供养曼荼罗的修法同样也要圆满十一万遍。

五、磕大头

第五个修法是磕大头。磕大头最好与七支供一起修，如果做不到，也可以与皈依一起修，以前也有这样修持的传统。修行时念一遍皈依偈颂，磕一个大头，这样皈依与磕大头可以同时修行圆满。

在修此法时心一定要专注，不能身体在顶礼，心里却东想西想，周围哪怕只发生一点点小事，头马上就转过去。应该以身做礼拜顶礼，以语称颂祈祷，以意专注所做，具足虔诚依止之心，这样可以迅速清净相续中的五毒烦恼，去除傲慢之心。

在一些寺庙，修行人修这个法时，会在一个木板上磕头，修到最后手腕、膝盖都磨破流血。还有很多藏族人发愿一生一定要从自己的家乡以磕大头的方式到拉萨朝圣。去过藏地的人可能都见过他们在路上磕头的情景。我还看见一些其他地方的修行人，从五台山磕头到拉萨朝圣，情景确实非常感人。

但我也看到有的弟子在修这个法时，先要在家中的木地板上铺一层地毯，如果觉得不舒服，再铺一层被子，然后慢慢地在那磕头，稍微有些累，马上休息聊天。

我想，凡夫要想得到解脱与成就，不吃一点苦肯定是不行的。凭佛陀那么深广的智慧，也没能找到让众生舒舒服服就迅速成佛的方法。当年佛陀自己也是为我们示现舍弃王位等世间一切享乐，历经六年苦行之后才成佛的。又比如米拉日巴尊者，他的殊胜成就就是通过我们常人无法想象的苦行获得的。

　　作为他们的追随者，我们在修行中一定不要怕苦怕累。其实我们现在修行所吃的苦不用说与传承上师们相比，就是与那些磕头去拉萨朝圣的修行人相比，也是微乎其微的。如果连这一点点苦也吃不了，自己应该感到惭愧。

　　这次一些弟子向我祈请五加行的传承，发心修持五加行，我在给大家念传承时念了华智仁波切所著《普贤上师言教》中的"大圆满龙钦宁提前行修法"与全知麦彭仁波切的《开显解脱道》两个传承，大家可以根据自己的情况，选择一个传承去修。

　　五加行修行圆满后，还要修上师瑜伽。

　　在小乘教法中，要将上师观想为阿罗汉或有殊胜功德的人；在大乘显宗里，要将上师观想为资粮道、加行道或是见道位以上的菩萨，而在大圆满修行中，一定要将上师观想为最究竟的法身佛，否则很难得到最终的成就。

　　要证悟大圆满，只能依靠弟子对上师的信心与上师赐予的加持。如果平时只是嘴上说上师是佛、上师对我的恩德很大，而相续中没有生起这样的定解，没有真正视上师为佛，那么无论你有怎样的世间聪明，无论你通达多少甚深经典，都不会得到上师最殊胜的加持，这样是无法证悟大圆满的。

上师瑜伽修法可以让我们增上对上师的信心，这也是最接近大圆满正行的修法。历史上很多修行人就是在修持上师瑜伽时获得成就的。

我见过很多修行人，他们可能没有多少文化，有的人甚至连字母都不认识，但他们依靠对上师无伪的信心，在临终时显现出获得成就的瑞相。所以，为了增上对上师的信心，圆满念诵一千万遍莲花生大士心咒是必不可少的。在藏地为修上师瑜伽，圆满念诵莲花生大士心咒几千万遍或者上亿遍的人非常多。我想大家应该也能做到。

我给大家简单地讲了一下五加行的内容，希望大家这一生至少修持一遍五加行。如果能做到，我们所得到的这个人身就真的有意义了。

开始修以前，一定先仔细阅读《普贤上师言教》，然后具体修持时，修到哪里就专门反复地看哪一章节。按照法本上的要求认真修持，这样修行一定会有进步。有一些人看法本不太仔细，甚至随便翻一翻就说这本书我已经看过了。佛法不是很好理解，这样随便翻翻肯定不能通达其意。不用说佛法，就是世间公司里这么厚一本资料，你随便翻翻又能了解多少？所以看法本一定要仔细。

有人讲五加行很难修，在家人可能一辈子也修不完；有人讲我现在没时间，等到退休以后再说。其实我以前多次和大家说过，我们所得到的这个人身很无常，能不能活到退休，谁也说不定。现在没时间修法，以后就没有机会解脱。

说到这里，我给大家讲一个真正修行人的故事。

这位修行人叫才旺诚利，是我的金刚兄弟，甘孜容巴擦人，当年我们一起在大成就者才旺晋美堪布座下听闻过《莲师六中阴修法》和《法界宝藏论》。我们关系非常好，见面时也常相互开玩笑。

当年法王如意宝到容巴擦，他曾向法王求法。才旺喇嘛一生念诵了莲花生大士心咒一亿遍、《三十五佛忏悔文》10万遍以上、二十一度母经110万遍、守持八关斋戒200多次、磕大头140万个。他磕头时，垫在下面的木板硬是被他的血肉给磨穿了。可以说他一生做的唯一一件事就是修行。

后来阿秋仁波切到容巴擦时，他祈请阿秋仁波切对自己的大圆满境界进行印证。在了解了他的境界后，阿秋仁波切非常高兴，认为他已经圆满证悟了大圆满。才旺诚利对弟子们讲："如果现在死的话，我不会有任何恐惧，反而会非常高兴，因为现在自己已经有了十足的把握。"

后来他常让人转告一位远行的弟子，请他尽早回家乡："因为这位弟子很想去国外，我有一本护照要交给他。"其实才旺喇嘛根本没有什么"护照"，大家都不明白他为什么要这样说。看着他身体很好，也没人相信他很快会去世。

所以，那位远行的弟子直到几个月后，即1995年2月26日才回来。

才旺喇嘛嘱咐弟子将他一生依止上师及修行的过程写出来："以后的修行人看到，一定会获得利益。"交代完这些，当天晚上他像平时一样吃饭、念经，没有任何异样。第二天上午他感到身体不适，下午6点，让弟子们帮他把身上多余的衣服脱下来，然后面向西方跏趺而坐。弟子们再次走近时，发现他已经圆寂。圆寂后身体趺坐不倒21天之久，皮肤也比生前更加白皙。

3月21日，寺庙为他举行荼毗大典。天空没有一丝云彩，一只白色秃鹫在空中右向盘旋良久，所有在场人都亲眼见证了这一景况。

这时人们才明白，才旺诚利喇嘛所讲的"出国"与"护照"的真正含义：给我们留下来的"护照"应该就是记录他一生修行生活的传记。我想才旺诚利喇嘛是要告诉我们：寻求解脱的人就要像他那样去修行，这样死亡来临时，也一定会和他一样，得到一本趋入解脱的"护照"。

我给大家讲这个故事，希望大家明白今生今世修行的努力一定不会白费。只有精进修行的人才能不惧死亡，才能得到解脱的安乐。

圆满修持五加行和上师瑜伽后，大家的相续必定会有根本改变，到那时就可以在一位具德上师面前祈请大圆满的传承或灌顶，修持大圆满法。

祝大家修行进步，吉祥如意！

希阿荣博

2008 年年初北京开示

弟子现场笔录整理

堪布在北京

| 第四章 |

开悟

对上师有信心，对众生有慈悲心，相信因果，如果做不到这三点，即使释迦牟尼佛亲自来到面前讲大圆满，也不可能开悟。

1987 年，法王如意宝于五台山之东台取出意伏藏《文殊静修大圆满——手中赐佛》，回到学院后开始为弟子宣讲这一珍贵法门，前后历时一百天，听法者超过一千人。

法王说："因为文殊菩萨加持，参加修法的人都很清净，才在如此大范围内传讲这个伏藏法，这种情况以后不会再有。"

我当时除每天在法王面前听闻佛法，按法王传授的窍诀修行外，还负责为几位道友做课下辅导。一天，达森伤心地对我说："人身那么难得，遇到上师那么不容易，这次讲这样殊胜的法，如果不能开悟，以后恐怕就没有机会开悟了。"

他因为在修法中遇到障碍，迟迟没有开悟，急得大哭，求我把法王上课讲的要点再仔细给他讲一遍。我边安慰他，边与他一起回顾法王的教言（以下部分均为法王教言）：

　　对上师有信心，对众生有慈悲心，相信因果，如果做不到这三点，即使释迦牟尼佛亲自来到面前讲大圆满，也不可能开悟；做到这三点，哪怕魔王现身也无法引导你偏离解脱正道。

　　并非真正把上师看作与佛无二无别，而认为上师之外还有更高明的佛菩萨，有这种想法的人不可能开悟。

　　释迦牟尼佛涅槃前，阿难悲伤不已，劝请佛陀住世。佛陀说："弟子，不要难过，我会以上师的形象再回来度化众生。"

　　佛随顺众生的业力因缘，以不同形象救度众生于轮回苦海。有时，他示现佛的形象，如佛陀在世转法轮时；有时他示现菩萨形象，如文殊、观音菩萨；有时他以普通人的形象出现在我们面前，如我们所见到的上师；有时他甚至化作鸟、牛等动物，去度化有缘众生。所以，上师就是你现量能见到的佛，就是你内在佛性的具体外相。

　　祈祷上师，然后安住。开悟者安住于本心，未开悟者安住于对空性的定解中，如此反复祈祷，反复安住，每天至少半小时，对开悟和巩固证悟帮助极大。

　　我们与麦彭仁波切的因缘非常近，观想时把上师、麦彭仁波切、文殊菩萨观作一体，就一定能得到加持，一定能开悟。

我一岁多刚学会叫妈妈时，就有不造作、自然流露的大悲心。七八岁，心里对大圆满的境界有所领悟。而我证悟无上大圆满是在十五岁时，对麦彭仁波切生起巨大信心，通过祈祷麦彭仁波切，专心念诵《直指心性》后实现的。这是我个人的经历，希望对你们，我的弟子们，能有启发。麦彭仁波切传下来的法门，一定要常看，常修持。

我所持有的大圆满传承中所有祖师，从普贤王如来到托嘎如意宝，无一例外都是真正的佛。虽然我自己只是一介凡夫，但我的传承依旧清净殊胜无比，因为我从未把我最亲近的根本上师麦彭仁波切和托嘎如意宝看作与佛有别，也没有令其他任何为我传过法的上师心生不悦，我诚心诚意地敬爱他们。

求法者啊，当你去求大圆满传承时，务必对传法上师仔细观察。如果他曾令自己的上师不悦甚至毁谤上师，他的传承就被染污了。如黄金般珍贵清净的传承之线，到他那里已经断了，通过他你将得不到传承的任何加持。

达森说他还没有通达五部大论，不知这是否会影响到开悟。其实，学识和证悟是两回事。通达经论当然会有助于开悟，但不一定能保证开悟。

证悟说起来也简单。《文殊静修大圆满——手中赐佛》涵括了从凡夫到圆满证悟成佛的所有修行内容，但它写下来才不过薄薄五页纸。

在藏传教法传统里，只要依止的是真正的大成就者，并对上师具足信心，随时随地都有可能开悟。

当年，华智仁波切和弟子纽西龙多在石渠修法。二人生活清苦，每天只能吃到一点点糌粑。某天，一位施主供养了一个人参果粉和奶渣做成的大饼。华智仁波切说："我们分一下，一人一半。"纽西龙多推让道："上师，你吃就行了，我不要。"华智仁波切说："拿刀来，我来分。这个饼头在哪尾在哪？"纽西龙多一听这话，心里豁然开朗，就在那一刻达到了前所未有的证悟境界。

还有一则故事是关于麦彭仁波切的。他去求见蒋阳钦哲旺波，被傲慢的侍卫挡在门外。麦彭仁波切奋力把门卫推到一边，强行闯进院内。一进去看见蒋阳钦哲旺波用斗篷蒙面坐着，他吓得大气不敢出，低头乖乖跪在上师面前。突然间，蒋阳钦哲旺波从斗篷里伸出头来，一巴掌重重拍到麦彭仁波切头上，大喝："你是谁？"麦彭仁波切显现上当下便开悟了。

禅宗也有很多这样的公案。大家不要把它们当趣闻逸事听，或是觉得开悟原来如此简单，说不定自己哪天也会无缘无故地开悟呢！如果你对上师没有足够的信心，哪怕大棒打破头，也是不可能开悟的。

我们普通人不要总是想象，证悟会像天上掉馅饼一样突然掉到自己头上。大圆满法已经为我们清清楚楚地指明了修行、证悟的次第，我们按照次第精进修行就会有效果。而在修行中取得的任何一点进步，都来自上师的慈悲加持。

几十年来，达森堪布初心不改，始终过着清净的修行生活，对世俗的一切无欲无求。他对上师的信心从来没有减退，一心一意唯求解脱。去过扎西持林的人都知道，他是多么了不起的一位修行人。

我常常会难过地想：达森堪布、聪达、丹增尼玛常年以侍者的身份卑微地跟在我身边，默默操劳，而实际上他们修持那样高深，本应受众人恭敬供养啊！

法王如意宝说过，得到大圆满法的人，如果对上师具足信心，不破密乘戒，不诽谤佛法，并按次第精进修持，今生就有可能解脱。没有做到即身解脱的，在临终法性中阴或转世中阴出现时，也能解脱。不用说人道，就算畜生道等其他道的众生，只要听到大圆满法，来世十五岁到二十五岁之间一定能再值遇大圆满法，条件具足的话，一定能解脱。

希阿荣博

2008 年 9 月 10 日

藏历七月十日口述

弟子如实记录

| 第五章 |

善护口业

对世上的种种人物、现象，我们以清净心对待就好了，千万不要急于下结论，更不要随意批评出家人。

我们学佛人无论什么情况下，都要仔细地取舍因果，善护身、语、意三门。作为凡夫，我们没有能力判断一个人是不是成就者。

远的不说，仅喇荣这个小小的山谷里，自一世敦珠法王时期十三位弟子虹身成就以来的几百年间，以各种方式示现成就的修行者层出不穷。有些人的事迹生前为人所知，有些人却终生隐藏自己的功德，甚至故意示现离经叛道的形象游舞人间。所以，对世上的种种人物、现象，我们以清净心对待就好了，千万不要急于下结论，更不要随意批评出家人。

如果你对某个出家人没有信心，或是对他显现的一些行为看不惯，可以不去依止，不去亲近，但绝不要批评。这是我给大家的一个忠告！网络虽然是虚拟的，但因果不虚。

说到这里，我想给大家讲一个五明佛学院出家人的真实故事。

这个出家人叫阿莫绕多，在五明佛学院依止法王如意宝十几年，对法王的信心很大。但他在显现上行为却很不如法，整日无所事事、东游西逛，学院的管家对他很头疼。几年前，阿莫绕多似乎再也无法忍受学院严格清苦的生活，回到了家乡甘孜达塔，还结婚生了孩子。看见他这样，道友们觉得他违背誓言、自甘堕落，都很蔑视他，乡亲们也有不少非议。

有一次，他对别人说："如果死的话，我可能会头朝下死去。"这话的意思是说会死得很难看，不吉祥。大家听了，讽刺他说："你如果真有本事，就死得像个样子吧，免得到死都让人看不起。"阿莫绕多回答说："那好吧，就依你们。"大家觉得他装模作样说大话，很可笑。

去年年初，阿莫绕多感觉身体不适。一天他梦见法王如意宝，法王让他念诵十万遍《普获悉地祈祷文》遣除违缘。他按照上师的嘱咐，圆满了十万遍念诵，之后，再次在梦中见到法王如意宝，法王对他说："你到我这里来吧。"

第二天，阿莫绕多把自己的梦境告诉妻子。他说自己将不久于人世了，离开这个世界他没有一点忧伤和牵挂。他叮嘱妻子在他死后出家修行，不必担心未来，他一定会在修行路上帮助她。孩子们可以送到青海果洛的一所孤儿学校，他的金刚兄弟根容堪布会照料孩子们的教育和生活。

家中一切安排妥当，几天后，阿莫绕多请来几位出家人，为他助念《文殊大圆满基道果无别发愿文》，他在一旁打坐。大家念完一遍发愿文后，他睁开眼说："我很差劲！没死成，再来一遍。"于是出家人又念一遍。就在第二遍发愿文的念诵过程中，阿莫绕多坐着示现圆寂。圆寂后法体端坐三天不倒。

第三天，人们请当地的玛真多洛活佛来为阿莫绕多念诵大圆满窍诀。活佛念完起身刚要离开，突然听见一声巨响，阿莫绕多端坐的身体倒了下来。

几天后阿莫绕多的身体缩到很小，荼毗时出现了许多象征获得殊胜成就的瑞相，令在场所有人备感惊奇。他们对阿莫绕多生起了很大的信心，而那些曾经在阿莫绕多生前对他批评、诽谤的人更是追悔莫及，但无论如何，他们都已经失去了在阿莫绕多面前忏悔的机会。

以前帝洛巴尊者嗜好吃鱼，而印度八十位成就者显现上也都千奇百怪。

从前，菩提金刚和如来芽尊者在卫藏跟随晋美林巴尊者学法。几年后，晋美林巴尊者说："我的法全部交给你们了，你们回去修行和弘法吧，我们师徒今生可能再无法相见了。"师兄弟二人不得不哭别上师。离开前，上师说："你们去大瑜伽士却旺仁增千波那里求一个长寿佛灌顶，这对你们会有帮助。"却旺仁增千波是当时藏地公认最伟大的伏藏师，拥有不可思议的神通。

菩提金刚、如来芽尊者和另外一位师兄弟晋美俄才来到瑜伽士的住处。瑜伽士正被自己的一帮小儿女弄得焦头烂额，听说有人求灌顶，便大骂："没看见我有多糟糕吗？你们是不是存心讽刺我？"

听完他们三人说明求灌顶是上师晋美林巴尊者的指示后，瑜伽士才同意为他们灌顶。他坐在一堆乱糟糟的杂物中间，一时找不到灌顶用的拂杖，便随手拿起一根拨火棍，又解下自己的绑腿扎在棍子一头，开始为他们灌顶。进行到一半时，突然想起灌顶还需要宝瓶，又随手拿来一个壶当作宝瓶，把里面的甘露分给三人喝。

求灌顶的人对自己上师的教言和瑜伽士的加持力没有丝毫疑惑，恭恭敬敬地用手掌接甘露喝下。菩提金刚更是捧过宝瓶，把其中剩下的甘露全部喝掉了。后来，他们果然都得到长寿佛的悉地，活到高寿。菩提金刚常常说："自己本不想活到这么老，只怪当初瑜伽士的甘露喝得太多，想早点死都死不了！"

我讲这些故事是想告诉大家：那些有很高内证功德的修行人，有时也可能会在行为上显现不很如法，而他们的显现以凡夫的分别念是根本无法辨别的。

僧宝是我们皈依的三宝之一，是我们修行路上的助道友。如果因为自己的分别念而随意诽谤僧宝，大家可以好好地反省一下，看自己的皈依戒是否清净。

诽谤僧宝的严重过失，在《极乐教言》等诸多经论中都有详细阐述。肆意诽谤对自己的修行不会有任何帮助，反而会让你造下很大的恶业。这样的话，不用说解脱，来世得到人身都非常困难。

　　从世俗做人的角度来说，信口开河，随意批评他人或恶意诽谤，都是有悖于个人修养原则，甚至是不道德的。

　　我希望大家精进修行、善护三门，这是追求解脱与安乐的人都应力争做到的。

希阿荣博

2008 年 7 月 23 日

藏历五月二十一日口述

弟子如实记录

第三部

走出修行的误区

追求觉悟的过程，就像在一个无边无际的迷宫里突围，没有佛法的指引，我们将永远被困在里面，原地打转。

追求觉悟的过程，就像在一个无边无际的迷宫里突围，没有佛法的指引，我们将永远被困在里面，原地打转。

皈依

有的人居无定所地过着安宁的日子，有的人却在豪华住宅里一辈子逃亡。皈依，不是修行的起点，它是整个修行。

我是在一块被佛法浸润的土地上出生、长大的。和我一样，在那块土地上生活的绝大多数人，对佛法都有着坚定的信仰。我们不希求今生的安逸，也不希求来世的享受。佛法没有减少我们的颠沛流离，甚至没有让我们觉得自己比别人更优越、更有保障，因为众生平等，皆具佛性。那么，佛法到底给我们带来了什么，使我们纵然一无所有、四处为家，内心依旧富足、安详？

佛陀关于无常和因果的开示给了我们无限的勇气和希望，哪怕最贫穷的、目不识丁的藏民也深信因果并能无惧地接受无常。

看看现代社会，人们一切的苦恼、挣扎都源自对无常的恐惧，忙忙碌碌无非为逃避无常。非常有意思，有的人居无定所地过着安宁的日子，有的人却在豪华住宅里一辈子逃亡。

人们逃避无常是因为他们不清楚自己所处的真实状况。首先他们认为无常只是人生的一种际遇，像逆境，只要找到最佳解决方案，就可以规避。他们很努力地尝试不同的方法，希望得到一个一劳永逸的答案，然后才能安心生活。可是，他们极力排斥的恰是生活本身，除了变化，生活中还有什么呢？

只要稍加留意就不难发现，生命中的一切都是无常的，四季更迭，人事代谢，我们的身体、情绪、思想，无一不在变化之中。**无常不是人生的一段过渡期，而是整个人生**，不管你愿不愿意，都必须与它终生相处。

其次，人们认为变化会带来痛苦，如果一切都恒常不变就不会有痛苦。其实无常不好也不坏，它既意味着有得就有失、有盈就有缺、有聚就有散，也意味着有失就有得、有缺就有盈、有散就有聚。开心还是伤心，全看你的立场和态度，与无常并没有必然关系。

无常粉碎了我们对安全感、确定性的幻想，本以为牢不可破的观念、思想会改变，本以为相伴终身的人不是生离就是死别，健康的身体会突然被疾病打垮，一帆风顺的事业会转眼间破产。当我们意识到自己脚下随时可能踩空时，便本能地想抓住什么，这就是执着的由来。

由于我们想抓住、想依靠的东西本质上是抓靠不住的，所以才会痛苦。造成痛苦的并非无常，而是执着。逃避无常不仅是徒劳的，也是没有必要的。

接受无常，开始是一件痛苦的事，因为从久远以来，你一直习惯于逃避它。**其实，无常像一个面貌丑陋、内心温柔的怪人。**如果你不熟悉他，会害怕看见他的脸；一旦你了解他，就能与他愉快相处。

人们在称心如意的时候，往往忽略无常，尽管情况越变越好也是一种无常。只有在面临伤痛、疾病、分离、打击、情况变糟时，才突然感受到无常。这是生命在以一种猛烈的方式提醒我们：不要沉溺在安全的幻梦中，没有永恒不变，没有万无一失。如果现在不开始关注精神修持的话，这一生也很快将在盲目的追逐和焦虑中空耗过去。

我第一次接触死亡是在六七岁。我的外婆突然病倒了，家里人都围在她的床边哭泣。我很爱她，想为她做点什么，于是偷偷跑到村外一个拆毁的玛尼堆那里，围绕废墟不停地磕大头，念观音心咒。我发愿把自己磕头、念咒的功德回向给外婆，希望她好起来。她去世前的几天，我一直在外面磕头，没有守在她身边。

外婆的死让我无比强烈地感受到生命的无常，同时也让我懂得佛法修行的价值。我没有参加外婆的葬礼，只是一个人来到玛尼堆磕头，祈愿这份小小的功德能对逝去的亲人有所帮助。

无常是修行人的密友，它时刻提示我们保持警醒，并且给我们以鼓励和希望。无常意味着凡事都有改变的可能。不管我们以前犯过多么大的错，也不管我们现在有多么愚昧无知，只要我们按照正确的方法去做，就可以清净过去的罪业，逐渐不再迷惑。

也有人会反过来看问题，认为既然一切都是无常，都会消逝，那么大家满可以随心所欲，不计后果，也不必精进追求什么，反正到头来都留不住。佛陀在指出无常的事实之后，又慈悲地开示了事物背后的另一个真相——因果的法则，使我们不至于迷失在无常之中。

相信因果不等于相信宿命，否则，我们不会那么精进修行，忏悔罪障，也不会想到要以目前的凡夫身份去追求无上正等觉。万事万物都在变化中，因此不可能存在注定不变的命运。

我们的一言一行、起心动念都会产生相应的后果，都会对自己和他人的生活造成影响，带来改变。有些行为的后果很快显现，而有些行为却要等很久以后才能看到它的结果，就像野草的种子播进土里不久就会长出草来，而青稞播种后却要等来年才开花结果。因果的法则无所不在、深奥复杂，每一件事的发生都是众多因果关系共同作用的结果。

佛陀说只有像他那样彻底觉悟的人才能完全讲清楚事情的来龙去脉、前因后果，一般人只能看见其中的某个片段。

因为知道自己不管做什么，哪怕是最微小、最隐秘的行为也有后果，将影响到自己和他人，所以我们会自然而然地生起责任感，不再只顾眼前、为所欲为。我们也更深切地体会到人与人、人与世界的相互影响、相互依存关系。慈悲心的培养是必要的，如果我们想最终免于痛苦，就不要伤害他人；如果我们想快乐，就创造条件让他人快乐。

人们总是把因果和报应相提并论，我却不喜欢"报应"这个词，因为它让人感觉冷漠、疏离，有一种惩罚的意味。我们不认为如果自己做对了，就会有人赞赏、保护我们，如果做错了，就要受到处罚。事实上，从头到尾我们都是自己对自己负责。

我们遭遇的困难、痛苦只是过去行为的一个结果，没有理由责怪他人，也没有必要自责。你若能以积极的心态对待它，那么正在经历的痛苦不仅完结了一段旧的因果，而且还会成为一个新的善因，开启一连串正面的反应。所以，痛苦并不总是坏事。人生的得失起伏都可以是觉悟的契机，关键看你以怎样的心去面对。

我们非常重视发心，因为行为的后果主要是由它背后的动机，也就是发心决定的。

在热爱精神修持、追求解脱的藏地，人们哪怕做一件很小的事，发心都很大，都是为了所有众生的解脱。许多人在网上看过扎西持林修建玛尼堆的视频，里面不论男女老幼、出家人、在家人，不论是背、是抬、是堆放玛尼石，每个人脸上都洋溢着幸福的笑容。由于发心大，即使只是搬一块小小的石头，也会成为未来解脱之因，所以大家才会感到那么幸福满足。

当你做一件事，如果心量放大到要把所有众生的安乐都考虑进来，你就能够坦然地承受所有的辛苦、磨难，因为你的心胸足够宽阔。

因果不可避免、真实不虚，如果一个行为的果报今生没有成熟，而你也没有采取任何行动阻止它成熟的话，它一定会在下一世或更晚的时间成熟。

死亡只是目前这个生命的结束，而这段生命所承载的因果仍将继续下去，新的生命在继承旧因果的同时又将造作新的因果。

因果好似海面的波浪，头尾相连，延绵不断，生命也因此不断地轮转。连接前世、今生、来世的，不是一个具体的"灵魂"，而是未断的因果。尽管今生和来世的两个生命，从身体到思想都是相互独立的，但每一个今生都是来世的基础。由于我们行为的后果有着性质和程度的差别，转世便有了不同的属性，即六道轮回。转生到哪一道完全由你需要感受的业报决定。

莲花生大士说："如果你想知道你的过去世，看一看你现在的情况；如果你想知道你的未来世，看看你目前的行为。"

关于轮回，许多高僧大德都有非常精辟的阐述，轮回的事例也在不少文献中能找到。我的一位弟子曾亲自见证了她女儿的转世。很感谢她把事情的经过详细记录下来，并与大家分享自己的这段经历（参见菩提洲网站《我所见证的轮回》一文），希望以此唤醒人们对轮回的正确认识。

我们生活的这个时代对"死"讳莫如深，凡是与死有关的话题都不受欢迎，包括轮回。

每当我提到轮回，都会有人反问："我没有看见转世，怎么相信它存在？""如果我真的经历过转世，为什么会不记得？"其实，你并不总是一定要亲见亲闻才相信事物存在的。比如，你从未见过自己的祖先，但你从不怀疑他们在这个地球上存在过。科学家告诉你，宇宙中除了我们的银河系之外，还有无数类似的星云，有的遥远得连最先进的天文望远镜也观察不到，而你相信它们的存在。

至于记忆，昨天，甚至刚刚做过的事、说过的话，你都可能忘记，不记得前世的事又有什么奇怪的呢？你并没有认真思考过轮回是否存在，当你说"我不相信有轮回"时，你的意思其实是"我不想相信有轮回"，因为轮回、转世这些概念对你来说太陌生，让你感到束手无策，你甚至连试图了解它的兴趣和勇气都没有。

也许你会觉得轮回、生死这些问题离你的日常生活太远，活命已经够你忙的了，哪里顾得上考虑死后的事。你若能够因为忙于活而顾不上死的话，可以等到活腻烦了再思考轮回、生死。不过，看看周围，很多人都是满怀着对生活的热情筹划，突然间离开这个世界的。你没有理由相信自己一定比这些人更幸运。

藏族人常说："明天或来世谁先来到，我们并不清楚。"

有些人为了表示自己的清醒，坚决不接受转世之类的"迷信"观念。如果死亡就是一切的终结，活着又是为了什么呢？吃喝享受，完了化作一捧黄土，这样的人生想想都让人心酸。

否定因果，人们就会身不由己地迷失在无常的洪流之中，家庭、事业、感情最终要放下，理想、信念、价值观也经不起推敲。不是说这些东西不重要，而是生命的意义应该不止于此。

现代人的生活中充满了各种假设，我有时觉得奇怪：为什么他们不假设有来世。这并不比假设有明天或有明年更荒谬。

人们热衷于筹划未来，爱好制订多种备选方案，为有可能出现的紧急情况做准备。既然这样，何不顺便也为来世做做准备？万一死后有轮回呢？那不也是有可能出现的一种紧急情况吗？

每个人的世界观都应由自己去建立，盲目或被迫接受他人的观点都是对生命的不尊重，但是封闭内心、固守成见同样是对生命的不尊重。

我想，对轮回半信半疑的人们，不妨采取"科学"的态度，承认自己不知道轮回是否存在，同时不排斥了解更多关于轮回的知识。毕竟从古至今还没有哪位圣哲否认过轮回的存在，你也没有必要急于下一个石破天惊的结论。

藏族人非常注重精神修持，这源于藏族人对无常的深刻认知和对因果的坚信不疑。皈依佛、法、僧三宝对藏民来说是再自然不过的事。如果不是佛陀通过他累世的修行探索，最终觉悟了生命的真相，并且慈悲地把他所获得的知识和经验与我们分享，恐怕我们到现在还在盲目地摸索，不知道自己是谁，也不知道自己究竟是为什么来到这个世界，又要往哪里去。

就像有人说的那样："我活着是因为我生出来就是活的，就得活到死，尽管活着没意思，也无可奈何。"听到这样的话，我的心里便充满了对三宝的感激。如果佛陀没有讲法，他的追随者们没有把珍贵的教法传承下来，使我在两千五百年后得以听闻、实践，那么说这种话的人就是我，如此迷惘、无奈的人就是我！

佛陀在觉悟之后发现所有众生都是本自圆满具足的，都有觉悟的可能。这是一个鼓舞人心的好消息，否则，看看我们五毒俱全的现状，我们真不知道自己就算好又能好成什么样子。

佛陀不仅指出所有众生都可以觉悟，而且耐心地教导我们如何消除迷惑。他告诉我们道理，又教我们如何去印证、检验那些道理。他针对人们不同的习气、偏好、特点，以不同的方式开示真理、激发灵感、鼓舞信心。

我们在轮回里漂泊有多久，我们的迷惑就有多深。

佛陀说在他无数次的转世中，仅转生为白狗，死后留下的白骨，堆起来比须弥山还要高，而我们在轮回中沉溺的程度只会比这更严重。现在，我们想改变这一切，就必须依赖有效、有力的方法。**追求觉悟的过程，就像在一个无边无际的迷宫里突围，没有佛法的指引，我们将永远被困在里面，原地打转。**

有一些人，是佛陀的追随者，据说也是佛陀的化身，他们会出现在我们身边，训练我们突围的技巧，与我们并肩作战。让我们即使在最困惑、艰难的时候，也不丧失觉悟的信心，因为通过他们，我们看到觉悟的确是可以实现的。

佛陀时代的印度是一个精神修持者的国度。社会各个阶层中都有大批人致力于探求精神解脱之道。他们尝试各种方法，一些人达到很高的觉知程度，但最终只有佛陀证悟了圆满无漏的智慧，洞见了诸法实相。

许多人向他请教后，认识到自己在修行上的问题，于是决定改正或放弃以往的修行方法，而诚心接受佛陀的指导。他们怀着敬意向佛陀表达这种决心，后来成千上万的人在佛陀面前或者通过佛陀的追随者表达了这种决心。

这种心与心的传递便是教法的传承。当你决心敞开心胸，毫无成见地向佛陀学习解脱之法后，需要在一位具有教法传承的修行者面前，通过身体和语言的行为把自己的决心庄重地表达出来。这不是形式主义。

修行的过程涵盖身、语、意三个方面，所以在修行的起点，身、语、意皈依具足才是圆满的缘起。之所以要在有教法传承的人面前皈依，是因为这样做，你的决心将融入无数前辈、同辈及未来学佛者的决心之海中。它将不再是你一个人的决心，而是无数人共同的决心，并与佛陀的圆满智慧一脉相承。

想象一下，这是多么巨大的心的力量。身、语、意具足，内心做了一个前所未有的决定，修学者便得到了皈依的戒体。身、语、意之中，最重要的是意皈依，即对佛陀的教诲真心认同，相信佛法一定能帮助自己了悟本心，相信僧宝的护持和引导。

我成长的年代几乎看不见佛像、经书和僧侣，人们对三宝的信仰却没有动摇，包括我在内，很多孩子也知道向三宝祈祷。后来我接触的人多了，发现并不是人人都知道如何祈祷。许多人都没有足够的勇气承认自己需要帮助，并且谦逊地学习别人的成功经验。

我喜欢念心咒，而念珠在当时根本无处可寻。记得我们一群孩子常跑到山上去采柏树籽做念珠。柏树籽非常坚硬，穿针引线把它们穿成念珠是很费工夫的，而我却乐此不疲。那时候，我常常找个树丛一窝，靠在里面先把自己的破衣服补好，然后就开始穿念珠，这样度过快乐的一天。

我还喜欢跟村里的老人学念经文，那是真正的口耳相传。他们不识字，我也不识字，他们把自己听来的经文一句一句背给我听，我则一句一句记到心里去。现在回头看，当时学会的《度母经》和《极乐愿文》，念错的地方实在太多，可因为记忆太深刻，后来虽然努力改正，有几处还是常念错。

从小到大，心向佛法都给我带来莫大的安乐。然而，皈依三宝并不意味着生活从此安全无忧，脚下从此不会踩空，也不意味着只要我们愿意，随时都会有人出来替我们搞定麻烦。

我常想：心向佛法的确需要胆识。**佛法不向你承诺安全感或确定性，事实上，它恰恰要打破你对安全的幻想。**皈依三宝，说明你决心无惧地面对生命中的一切，不再寻求慰藉、寄托、照顾，除了切实地经验当下，不再企图另寻出路。藏文中"佛教徒"一词的意思是"内道者"，即向内观照、从本心而非本心之外找真理的人。

在我们这个炫耀攀缘、追求散乱的年代里，"静默""洞察力""内省"这样的词让人感到陌生、毫无吸引力，而佛法一切修行的基础恰是正念，即贴近自己的身、语、意，时刻保持清醒的觉察。

刚接触一件新鲜事物，人们总会感觉振奋，学佛也是这样，尤其当你获得一些心灵启示之后，你心里会充满期望。学习静坐、念诵经咒，饮食有节、起居规律，你相信生活从此有条不紊、目标明确，修行将不断进步，连觉悟都似乎指日可待。不过很快你就开始失望，生活的不确定性没有减少，你也没有越变越好，相反，你发现自己在修行中一次又一次陷入困境，正念的训练让你与自己面面相觑，无所适从。难道这就是修行？

修行不是一场魔术表演，从头到尾让你兴奋、惊奇、目不暇接。它也不是逃避日常琐事的盾牌，因为它可能比你企图逃避的日常生活更加琐碎平常。

修行的目的不是完善目前的生活或者美化自己，如果是这样，佛陀当年大可不必舍弃王位出家。他从小生活在父王为他砌筑的高墙之内，锦衣玉食，不知痛苦为何物，然而，当他偷偷跑到宫外看见生、老、病、死的生命事实后，就决心不再自欺了。修行没有什么宏大的目标，只是不再自欺而已。

一旦开始修行，就会发现我们对自己的所作所为是多么无知。无始以来养成的习惯让我们很不喜欢单纯地与自己相处。保持清醒与觉察是一件相当辛苦的事，因为它意味着在任何情况下，你都不评判、不希冀、不回避。这简直让你感觉走投无路。可是，觉察还不止于此，你还要清清楚楚地看着自己是怎样试图寻找退路、出路却无果而终的。

说实话，对于刚刚踏上修行之路的人来说，这种感觉并不美妙。以前当你不痛快或遇到问题时，你可以焦虑、尖刻、迁怒、自责，可以吵闹着把周围的空间填满，可以不理会真相而只沉浸在情绪的发泄中。然而，保持觉察让你认识到这一切都无从做起。

自古以来，追求精神修养的人都需要具备一种品质，那就是忍辱。"忍辱"在现代人的词典里似乎与"怪僻、自虐"之类联系在一起，所以大多数人都不屑于有这种品质。但是，从修行的角度看，忍辱指遇到情况不急于做出反应，不急于逃避不安、寻找安慰，而是放慢整个事情的节奏，给自己留一点空间去观察和感受，让自己可以看清事情的原貌，而不是被冲动牵着鼻子走。这有时也被称为寡欲或甘于寂寞。

持续的觉察训练，会让我们逐渐习惯这种不迎不拒的做法。

期望和恐惧其实是同一个东西的两面，有期望就会有恐惧，而回避则会加强恐惧。不迎不拒使我们放松下来，这时，我们才更有可能瞥见一切思想行为、一切欢喜哀愁背后的那个东西。

　　人们爱把生活弄得拥挤而热闹，忙得团团转，以免和自己独处。心向佛法的人却是决心要和自己亲密相处。修行的过程毫无疑问会充满挫折，每一个修行人都会一再失败，一再跌回旧的习气中。尽管如此，我们还是一辈子都在精进修行，不放弃也不逃避。

　　感谢三宝持续给我们以启发和勇气，否则，我们无法坚持。

　　皈依，不是修行的起点，它是整个修行。

希阿荣博

2008 年 11 月 1 日

藏历九月初三

弟子整理

祈请上师加持

| 第二章 |

出离心

轮回是一种惯性，不断改变习惯，能让那股巨大的惯性慢慢地停下来。现在就开始改变这些习惯吧，这就是出离。

人们常说把修行融入生活中，可奇怪的是，尽管我们很努力，修行却仍然与我们的生活若即若离。当我们打坐、念经、微笑面对他人时，我们觉得自己做得很好，真正是把佛法运用到生活中了，可是在我们沮丧、愤怒、疼痛、委屈的时候，佛陀的教诲便开始记不清。

除了当时极其鲜明而强烈的屈辱感、挫败感外，其他一切都退到模糊的背景中去了。也许有人不禁要怀疑上师教给我们的种种方法是否真的有效。

为什么修行不能持续地改变我们的生活？为什么让很多人脱胎换骨、自由觉悟的佛法到了我这里就总是失效？也许答案就在于我们把生活抓得太紧。

不论自觉或不自觉，生活中的一切对我们来说都太重要，工作、家庭、金钱、声誉、感情，我们希望这一切尽在掌握中，四平八稳，安全放心。为此，把全副精力都投入进去还不够，还要通过修行为生活上保险。然而，生活就像我们手里握着的沙，抓得越紧流失得越快。

在无常面前，以强化生活和自我为目的的修行变得支离破碎，收效甚微。我们若能放松下来，不把生活中的每件事都看得至关重要，而是将更多的注意力放到修行上，生活并不会因此变得更糟。相反，真正的转变会在这时出现，我们也会因为放松而第一次尝到自由的滋味。

放松可以说是修行的第一课。

生活中人们最惯常的状态是紧张、对抗，对自己、对别人、对周围的一切都紧张兮兮。我们不喜欢生活在自己的掌控之外，任何一点不确定性都会让我们焦躁不安，所以我们总是神经质地忙碌着，即使身体没动心里也从没停过，深谋远虑，想防微杜渐。一帆风顺时，我们希望这种美妙的状态能一直保持下去，不想看到任何突发事件打破生活的完整平静。

生活中发生任何一件事，都让我们心头一紧，必须立即判断出它的利弊以采取相应的行动。对自己有利的要让它锦上添花，对自己不利的要赶紧想办法压下去或推出去。我们自以为是生活的故障检修员，整日一副严阵以待的模样。

身处顺境的时候，已是这样不安，陷入逆境会怎样惶恐更可想而知了。我们仿佛每天头顶磨盘走来走去，感觉要被压垮了，世界缩小到只剩下眼前那一堆困难。诸事不顺，我们越发相信自己是世界上最倒霉的可怜虫。

这种自艾自怜的情绪使我们觉得自己更有理由责怪、刻薄、报复、折腾。我们乐此不疲，以至于忘记生活原本就是变化无常，喜忧参半，甚至有点混乱的。哪怕我们耗尽毕生精力，也无法使它更可靠有序些。

修行只是让自己放松下来，不再对抗，习惯那种不确定性并安住于此，有人也把这称为自在。

记得我十七岁时，在家乡跟随才旺晋美堪布修学佛法，从共同外前行开始。我紧张而兴奋，每天关在自己的小屋里没日没夜地修行。起初一切都正常，直到观修寿命无常时问题出现了：长时间保持同一姿势观想，使我的身体过度紧张而僵硬，对无常的深入观察使我内心充满沮丧、哀伤。我整个人紧绷绷的，生不起清明的觉察，应该达到的体验也迟迟没有出现，这令我既愧疚又焦急。终于我在本应闭关的白天迷迷糊糊地走出了小屋。我不知道自己要去哪儿，只想摆脱心里的困窘不安。

我的上师才旺晋美堪布把我叫到他的住处，对我说："弟子，你应该把窗户打开，看外面的虚空，宁静而广阔。尽量放松身心，凝视天空，慢慢地把心融入天空中，安住。"我按照上师的提示去做，果然很快走出了困境。才旺晋美堪布传授的这个珍贵法门，让我受用一生。

放松下来，让心与外界连接，不刻意追求任何状态或结果，只是安住，这实在是最为重要的修行。

两千多年前，释迦牟尼佛在菩提树下睹明星而悟道，他不禁慨叹：所有众生都有一颗本自具足的菩提心。不论我们曾经多么贪婪、残暴、奸诈、愚昧，都从未令它有丝毫减损。它一直在那里，从未离开过我们，所以修行不为再去成就什么、证明什么，而只是引导我们放松下来，慢慢去贴近本心。

我们之所以很难体会到本心，是因为我们日常生活中的所作所为，大都在牵着我们朝与本心相反的方向走。很多习惯，尤其是心的习惯，让我们一而再、再而三地陷入窘境，比如前面说到的紧张对抗，还有趋利避害、推卸责任、自以为是、太在意自己的方式等等。我们修行便是要以一种温和的方式扭转这些习惯，使自己逐渐摆脱困窘的境地。

趋利避害大概是所有众生最根深蒂固的一个习惯。趋利避害本身并没有问题，我们想脱离痛苦、寻求解脱，这就是趋利避害的一种表现。但问题是很多人对趋利避害上瘾，只要一感觉不舒服就马上另外寻找慰藉，不给自己留一点时间去认知和体验。

天热要开冷气，天冷要烧暖气，风吹日晒很辛苦，出门要坐车。就在这个忙不迭寻找安适的过程中，我们不但错过体验四季的乐趣，而且还变得越来越脆弱，越来越容易受伤害。

对趋利避害上瘾，也有人称之为"纵欲"。我们一般认为灯红酒绿、纸醉金迷才是纵欲，不过在较微细的层面上，只要有条件，每个人都愿意纵欲，因为纵欲是人们逃避不安的习惯性方式。

人们孤独、烦闷或者感觉有压力的时候，会喝酒、暴饮暴食、购物、打电话、上网，或者窝在沙发里不停地换电视频道，反正就是不想留一点空间给自己去面对那份孤独、烦闷或压力。

用来帮助我们逃避不安的种种活动本身又会带来新的烦恼和问题。**我们的初衷是让自己免于痛苦，得到安适，而实际做的却是用一种痛苦代替另一种痛苦，**如此循环往复，更强化了我们的恐惧。

以前的人排遣情绪还能写信、看书或培养某种陶冶性情的爱好，而现在的人远没有那份耐心，除了对轮回，对什么都很快就厌烦。人生如朝露，可我们似乎还嫌它过得不够快。现代社会处处可见许多人对趋利避害上瘾。人们不能容忍哪怕是一丁点的不舒服、不满足、不方便，所以不停地寻找安慰、便捷，并且相信能找到。

常听人把烦恼增多、内心空虚归咎于物质的繁荣，其实不尽然。物质会对人心产生一定影响，但关键还是人心在作怪。烦恼多，是因为物质条件改善后内心执着的东西更多了。

以前你可能只有一块手表舍不下，现在却有房子、车子、存款时刻牵着你的心。内心空虚也是因为物质丰富后有更多逃避痛苦的选择，你可以更频繁地变换安慰的方式，结果你便更频繁地感受到不满足和挫败。

大家还记得小时候吧，特别是物资短缺年代里长大的孩子，一块糖、一件新衣服就能让你高兴很久。当你从父母或其他人手里接过这样的礼物时，你心里充满了感激。你会说谢谢他们，你会非常珍惜那块糖，并用心去品尝它的味道，你会懂得欣赏自己的新衣，并且真心赞叹它的美好。

可是随着年龄的增长，你眼里的礼物越来越少，你能得到的越来越多的东西都被认为是理所应得，因为你聪明、能干、努力。然而，这个世界上聪明的人很多，自闭症患者中不少就是某些领域的天才。能干的人也多，努力的就更不用说，你看建筑工地上的那些工人，谁不比你辛苦？但是，并非所有比你更聪明、更能干、更努力的人都过得比你更富足安适。只能说你比他们幸运，而你却忘记感念自己的福报。

我并不是说人生在世就应该低头承受痛苦。其实不是我们自己选择受不受苦的问题，佛陀早就告诉过我们：诸受是苦。

世上没有一件事物是恒久不变的，所以我们拥有、经历的一切都会带来不安全感。这恐怕是无人能幸免的一种痛苦。此外还有各种各样巨大的、细微的、强烈的、温和的痛苦伴随着我们短暂的一生，你也可以把它们称为压抑、孤独、怨恨、哀愁、恐惧、贫穷等等，这些东西无论我们现在做得好或不好都会出现在我们的生活中。按理说，我们对痛苦应该很熟悉了，但事实正相反，我们只是熟悉自己面对痛苦时的那份恐惧和挫败，对痛苦本身却从不敢凑近仔细看看。

我从小到现在生过四次大病，每一次对痛苦的体会都不同。第一次是十岁左右出水痘，周围的孩子很多都因为这个病死掉了。我们那儿的人相信水痘出来之前喝水会危及性命，所以我连续几天喝不了水。我眼巴巴看着别人喝水，心里想："这个病快点好吧！好了我就快乐了，我一定要喝很多很多水。"

第二次是在十一二岁被火烧伤双腿。那时也没有条件定期换药，只能听任两条腿反复发炎流脓。乡镇的兽医偶尔会给我消炎，每次都疼得喘不上气来。因为我害怕他，才忍着疼不敢吭声，但对其他人，我从不让他们动我的伤口。两条腿烂了快一年，村里人都说我会成为瘸子，可我一点不在乎，只是担心自己会错过许多玩的机会。等我稍能站起来，便立即瘸着腿出去玩耍了。

第三次生病是十八岁在佐钦熙日森藏文大学求学时，长期的营养不良和劳累过度令我虚弱不堪，而这时突发的严重胃病一下把我击倒。卧床半个月，情形越来越糟。那时我倒不担心自己就要死了。贫病交加，客死他乡，并不可怕。藏地每一个修行人从踏上修行之路的第一天开始，就想好要远离家乡，去到无人之地，随时准备死在沟壑之中。我唯一遗憾的是还有那么多珍贵的教法没有学。

第四次生病是在 1990 年，心脏病又一次把我推到死亡的边缘。虽然那次抢救过来了，但心脏病从此与我结缘，时好时坏，不断给在身边照顾我的弟子制造惊吓。对于我这个普通修行人而言，病痛给了我观修出离心和菩提心的大好机会。它让我真切体会到生命的脆弱与无常，往往就在你最意想不到的时刻，死亡突然降临，说走就走，没有半点通融，再多的牵挂也得放下。

由自己的病痛，我体会到他人的痛苦。那个截肢的小伙子，那头待宰的牦牛，那个在废墟里寻找孩子的母亲……他们与我不再疏离，他们的痛苦，我的痛苦，原来是相通的，原本就是一个东西。

我的这四段经历可以代表人们对痛苦的四种态度：

有人希望痛苦尽快结束，结束了就会一直幸福下去；有人在痛苦的同时不忘享乐，痛苦并快乐着；有人虽然不再惧怕痛苦，但痛苦妨碍了他的修行；有人拥抱痛苦，在痛苦中找到通向自由的路途。

最近一位弟子跟我讲述了她的一次体验：

她因为疏忽而被人利用，深受伤害。如果按照以往的经验，出现这么大的危机，她的生活肯定会变得一团糟，她一定会惊慌失措，拼命想办法报复和弥补。但是这一次，她决定逆习惯而行，不急于自责或责怪他人，而是放松下来，让内心保持开放，去深切而清晰地感受那被伤害的痛苦。虽然同样会惊慌、压抑、懊悔，但她惊奇地发现自己的心里有一个柔软的东西，那竟是对自己、对伤害她的人，对所有人、所有众生的一份悲悯。

全力以赴、苦心营建的生活原来是那样不可靠、不堪一击。生平第一次，她体悟到了出离心。

一般情况下，当人们遭受痛苦，尤其是受到伤害时，心量会变得狭小。最好整个人都能缩进一个桃核里，以为有坚硬的外壳保护会安全些，而实际上这只会使内心更加压抑和僵硬。不如把心打开，让自己暴露在痛苦中，让那种强烈的感受去瓦解心里根深蒂固的观念和习惯。这时，我们的本心，或者它折射出来的慈悲心、出离心、菩提心才会有机会显现。

把自己看得太重是我们另一个顽强的习惯。虽然我们都知道佛陀的教诲——我执乃痛苦的根源，但回到日常生活中，我们依然把什么好的都留给自己，自以为是，特别在意自己的那一套，遇到问题就责怪别人。

抓取这个动作暗示着内心的恐惧。婴儿初生到这个陌生未知的世界，拳头是抓得紧紧的。我们紧张、害怕的时候也都不由自主地握紧拳头。因为我们一辈子都在担心失去，便一辈子都在抓取、囤积，永远缺乏满足感。

佛陀教我们布施，通过给予来消除那种贫乏的感觉。有人需要食物，如果我们有食物，就给他；有人需要衣服、药品、金钱、安慰、关心，如果我们能做到，就去帮助。

佛陀住世时，曾经有一个小孩来到佛陀面前讨要东西。佛陀说："你说一句'我不要'，我就给你。"可是那个小孩害怕一说"我不要"就得不到东西，怎么也不肯说。几次三番讨要后，见佛陀依然坚持，小孩只好勉强说了声"我不要"，结果立刻得到了自己想要的东西。

佛陀对身边弟子说："这个小孩无始以来吝惜成性，别说行动上真的放弃，就连一声'我不要'都从未说过。今天让他说了一声'我不要'，便是为日后的解脱种下了一点善根。"

从抓取转向舍弃，仿佛是个重大选择，而实际上我们别无选择。不管愿不愿意，我们一生都在失去。青春、欢笑、泪水、成功、失败、爱、恨，乃至整个世界，都会离我们而去。

布施的关键不是这样做到底能为他人解决多大的问题，而是我们能借此学习放下自己的执着。外在的行为久而久之会影响心态，习惯布施的人比较容易让事情离去。

以前有一个小偷向法师求解脱的法门。法师问他会做什么，他想了想说："我什么也不会，只会偷东西。"法师说："很好，你把自己偷光就可以解脱了。"

看看现在的自己，仍然活着，仍然能够感受喜悦和美好，尽管几十年的人生已经遗失，许多自认为舍不掉的东西也都舍弃。我们突然间发现，其实自己从一开始就没有什么好失去的。

我们自以为经验老到，对什么都了解，而绝大多数时候我们不过是凭概念、靠联想在理解世界而已。在一般人眼里，白色是纯洁、玫瑰是爱情、海滩是度假、下雨是打不着出租车。事物所引发的联想远比其本身更受重视，可是用清新、开放的眼光看事物，亲自去感受、认知内心世界和外部世界，不仅需要勇气，而且还很辛苦。不知是我们的自以为是助长了我们的懒惰，还是反过来，总之我们现在是又固执又懒惰，并且认为这正是热爱、肯定生活的表现。

通常情况下，面对任何一件事物，我们的第一反应都是判断："对的""错的""有利的""有害的""同意""不同意"，然后我们根据自己的判断开始大声、小声、无声地发表议论，像个喋喋不休的评论员。这种急于判断的习惯和固有的观念让我们没有办法清楚认识事物。

有位弟子给我讲过他亲身经历的一个实验：

在高级经理培训课上，老师请学生看一段几分钟的录像，并请他们注意录像中一共有几个白衣人出现。开始放录像了，画面上有一群穿黑色衣服的人在跳舞，他们各行其是，旋转穿插，毫无规律。这时一个白衣人进入画面，扭了几下走开了，接着又有两个、三个以及更多的白衣人进来又出去。学生们聚精会神看完录像，所有人都能准确无误地告诉老师前后共有几个白衣人出现过。

这时老师微笑着问大家：有没有人看见黑猩猩？什么？除了黑衣人、白衣人，还有一只猩猩？全班竟然没有一个人发现！大家纷纷猜测那一定是躲在背景或角落里的一个猩猩图标，或是某个跳舞者佩戴的小装饰，大家太专心数人数，没注意到这些细枝末节。可是老师说那是一只跟人一样大的猩猩，还跳舞了。

这怎么可能！全班几十位才智过人的"社会精英"居然会缺乏观察力到这种地步？大家谁也不信，坚决要求老师重放一遍录像。这回，不用数白衣人，也不用数黑衣人，什么都不用做，只是看录像。果然，录像放到一半时，一个人装扮成一只黑猩猩闯进来，在画面中央手舞足蹈相当长一段时间后才离开。这回所有人都看得清清楚楚！

这不是一个很有启发性的实验吗？

我们自以为明察秋毫，但往往只能看见我们想看见的东西，听见我们想听见的声音，而不是我们能看见、能听见的东西。

佛陀教我们以开放的心去看去听，只有这样才能真正看到和听到。当年他在印度鹿野苑初转法轮，宣讲的第一则开示便是："此乃痛苦，当知痛苦。"身处痛苦中，应该了知自己在痛苦中，痛苦就是痛苦，不要把它误解成别的。

有一些成见和误解比较容易纠正，我们只需稍稍改变心的习惯就可以，但还有一些错误的假设从远古以来相传至今，已经成为"真理"和"常识"。我们如果想活得更真一点，有时就不得不做个没有常识的人甚至是叛逆者。

想想那些舍弃今生的修行人，他们拒绝谬误，也不想躲在别人的经验里混日子。他们觉得受够了捉弄，于是坚决远离了这套骗人的把戏，开始真心诚意去认识和感受万事万物。虽然不是所有人都能做到这样坚决，但至少我们可以承认自己无知，不再固执己见，不再懒惰地满足于过"二手生活"。每天让自己的心安静片刻，只为单纯地去听去看去感受。

自以为是不仅割离了我们与当下，而且还使我们更容易受侵犯，也更容易侵犯别人。

我们很在意自己的那一套。打开电视，总是看见有人在讲自己的心得：怎么做饭、怎么化妆、怎么减肥、怎么成功、怎么理财。

满大街的人都梳着同样风格的乱蓬蓬的发型，一到公共场合就都对自己的手机产生强烈的兴趣，大家的心都同时随着股市的涨落而起伏跌宕，可是我们依然认为自己与众不同，很有一套。

这种自我欣赏阻止了我们与别人正确地相处与交流。一些人像是患了某种特殊的"自闭症"，在任何场合都热衷于自言自语。

更多的人呢，不但觉得自己什么都对，而且必须得对，如果别人不能认同我们的意见，便感觉很受伤，很不舒坦。

面对任何一个人、一件事、一种状态，你都需要立即得出结论：什么是对的，什么是错的，否则你就没有价值感、安全感。我们的信念、理想、价值观什么的往往被利用来强化自我、排斥他人，不信就看看吵架的、冲突的、战争的各方，没有一个不认为自己有理的。

日常生活中，自以为是有时还表现为自卑。坚持认为自己一无是处，在任何情况下都不改变这个观点，这不是自以为是又是什么？

自卑与自负一样，遮蔽了我们的当下，使我们不能清楚地认识自己，同时也阻碍了我们与外界的交流。因为缺乏交流，我们感到孤单、孤立。

"认为自己是唯一的"会放大我们的感受。比如说参加考试，如果有一半人通过而你是其中之一，你会很高兴，但如果只有你一个人通过，你就不仅是高兴，简直是欣喜若狂；同样，如果有一半人被淘汰，而你是其中之一，你会很沮丧，但如果只有你一个人被淘汰，你就不仅是沮丧，而会觉得自己是世界上最冤、最不幸的人。当你处于情绪的低谷而又孤立、封闭时，你很容易就会认为自己比所有人都更悲惨、更不开心。事实上，你的情况肯定比你想象的要好。

现在很多人因为承受不了痛苦而自杀，每次我听到这样的消息都难过极了。死亡对他们来说是多么巨大的未知，而未知有多大，恐惧就有多大。死亡的过程中四大分离，那种痛苦根本不是活着的人所能想象。尽管如此，他们仍然选择死亡，可见他们生前感受的痛苦的确是到了无法承受的程度。

前面我们讲到痛苦不是一两个人的经历，而是众生的经历，所以不要相信有个叫"命运"的家伙在专门与你作对、故意要整垮你。你的感受只是众生普遍的感受，所以你没有被遗弃。如果你能放松下来，单纯地去感知那份痛苦，并且放掉对自己的担心、怜悯、评断，不再只是在"我对我错、我行我不行"的圈子里打转，而去与外界沟通，愿意欣赏一下花草和晨风，痛苦也许依然强烈，却不会再让你窒息、让你绝望到走投无路，因为此时你的心打开了。

也许有人会觉得放掉这个、放掉那个，说起来容易，而实际做起来，委屈、无奈、懊悔、愧疚、惶恐、挫败的感受是那样强烈而真实，不是自己不想摆脱，而实在是无力摆脱。

如果是这样，也就不必急于放掉什么，不要再为难自己，你已经很不开心了。有那么多烦忧伤痛要放在心里，你该需要一颗多么大的心哪！那么就给自己一分钟，闭上眼睛，想象一下自己的心在慢慢扩大。它很柔软、很有弹性，慢慢地，它把这个伤痕累累的自己包容进它的温柔之中。它扩大到整个房间、外面的院子、街道、行人、桥梁、城市、江海、山峰、天空、日月、星辰……专注在那种可以无限延伸的开阔感中。当你再次睁开眼睛，你会感觉好一点。

我们拒绝与他人沟通，通常是因为我们觉得那些人不会理解我们。我们排斥他人什么，实际上正反映出我们排斥自己什么。如果你觉得别人不会理解你，说明你也根本不想去理解别人。如果你讨厌别人贫穷，说明你害怕自己贫穷。如果你排斥别人的浅薄、狭隘、冷漠，说明你不想面对自己身上的这些东西。所以，**我们只有不排斥别人才能接受自己。**

一些修行人为了训练这种开放能力，故意要与难打交道的人相处。印度的阿底峡尊者来藏地前，担心藏地人太和善温良，自己找不到修心的对境，故而特意把一个脾气乖戾、总爱挑他毛病的侍者带在身边。

虽然我们都把自己看得很重，都想对自己好，可令人难堪的是，习惯让我们看上去像个傻瓜，所作所为全都在让自己更困惑、更痛苦。现在就开始改变这些习惯吧，这就是出离。

比如下次遇上堵车，看看自己会有什么习惯性的反应：惶惶不安？牢骚满腹？神经质地不停看表？掏出手机开始跟朋友抱怨？批评前面的车、前面的司机、路上的警察、失灵的红绿灯？或是打开广播、唱机，让自己更加心烦意乱？就这么看着自己，不去评断也不刻意纠正。遇到情况不立即被情绪淹没，而是看看自己的反应，这就是改变。下次再遇上堵车，再看看自己是怎么发牢骚、看表、打电话、一刻不停地折腾。第三次、第四次及以后遇上堵车，仍然是这么观察自己的反应，终于有一天你会觉得自己可笑：发牢骚、看表、打电话、折腾，怎么每次都一样，不能有点创意吗？

所以，下次再遇到同样情况时，你会做点不同的事情：真正去听一听广播里的人在谈什么，欣赏一首歌，体会旁边那个司机的焦虑，想想因为堵车有哪些安排需要调整……总之，你不再跟自己较劲了。

轮回是一种惯性，不断改变习惯，能让那股巨大的惯性慢慢地停下来。

传统上，我们把出离心解释为厌离轮回痛苦、追求解脱安乐的心。痛苦由执着而来，所以我们实际要远离的是执着。而什么是执着呢？什么都可以是执着。这就使出离成为一件不得不心无旁骛、精进不懈去做的事，因为事事处处、时时刻刻都是陷阱。

一位修行人曾经去拜见上师蒋阳钦哲旺波，路上他把自己的东西全部布施了，只留下一个木碗，那是他心爱之物。来到上师住处，看见满眼的金碧辉煌，他不禁想："人们不是都说夏扎（一无所有的）蒋阳钦哲旺波吗？怎么住在这样奢华的宫殿里？"这时，蒋阳钦哲旺波指着他笑骂道："你们这些寻思者，我对这满屋金银珠宝的执着远不如你对那个木碗的执着！"说完抢过他的木碗砸掉了。

出离就是这样，不看表象，只看内心。

希阿荣博

藏历八月二十五日空行母节日

2008 年 10 月 23 日

弟子整理

| 第三章 |

菩提心

缺少对自己的慈悲，很难真正对他人慈悲。不往内观照，无法真正消除迷惑，而不心怀温柔，修行便只剩下受苦。慈、悲、喜、舍都是从内心的温柔中生起的。

佛教徒是决心与自己亲密相处的人。

亲密相处有两层含义：一是诚实地觉察自己身、语、意的所有活动，二是柔和地对待自己。

如实观察往往会让我们看到自己的狭隘、冷漠、混乱，我们本以为自己各方面都不错，现在却发现全不是那么一回事。这大概是许多佛教爱好者，信佛多年仍不肯开始真正修行的原因。直面自己的缺点，远不像谈玄说妙、做做表面佛事那样，可以满足虚荣心、带来成就感。不过，另一些人的做法正好相反，觉察的结果使他们非常沮丧，他们下决心要弄明白自己为什么会这么狭隘、冷漠、混乱。苛责让他们失去幽默感，变得越来越酸涩，对自己、对他人及周围的一切都感到厌恶。

不往内观照，无法真正消除迷惑，而不心怀温柔，修行便只剩下受苦。慈、悲、喜、舍都是从内心的温柔中生起的。

我们常说要有慈悲心，可是慈悲不仅是针对他人，也针对自己，并且首先是针对自己。缺少对自己的慈悲，很难真正对他人慈悲。

在开放的心中怀着敬意看待自己当下的体验，尊重自己的洞见，不否认自己的缺点和过失，也不认为自己一无是处而失去内心的庄严。即使面对自己的狭隘、冷漠、混乱，依然不忘记知足和感恩，做到这点对修行人来说之所以重要，是因为我们只有不放弃自己，才会不放弃他人；只有尊重自己内心的感受，才会愿意去体念他人的感受；只有相信自己觉悟的潜力，才会相信他人觉悟的潜力，并因此走上大乘菩萨道。

大乘佛教徒为了一切众生的最终解脱而发愿修行佛法、证得无上正等正觉，这种发心称为菩提心。

在轮回里流连日久、被贪嗔痴慢疑训练有素的我们，要生起真正的菩提心谈何容易。不过，我们还是要发愿，哪怕不是十分诚心甚至带着疑虑，也还是要表达自己的这个愿望。我们的心有一个特点，就是可塑性极强，只要不断训练，什么假的在我们心里都能变成真的。久而久之，假装发心也能把真的菩提心激发出来。

菩提心并不是一个空泛的概念，它以慈、悲、喜、舍四无量心为基础，有着翔实的建立步骤。

一、四无量心

"愿诸众生永具安乐及安乐因"，希望所有众生都快乐，这便是慈心。

慈心相当于内心毫无偏见的友爱之情，培养慈心也可以看作是培养爱的能力，学习以真诚和善意去对待众生、与外界相处。对普通人而言，一开始就平等地关爱所有众生颇为困难。通常我们从自己开始，愿自己快乐，然后怀着快乐的心情逐步将友善扩展到我们爱的人、亲友、陌生人、让我们憎恶的人以及一切众生。

有人告诉我：做善事后，如果只是把功德笼统地回向给"一切众生"并不难，但如果具体联想到自己的敌人，则很难心甘情愿地把功德也回向给他们。

有这种想法很正常，因为你心中的"一切众生"只是一个名词，没有具体的内容，或者至少不包括那些你不喜欢的众生。正因为如此，我们才强调发愿的对境是逐步扩大的。有偏见、有局限都不是大问题，关键是不自欺，不敷衍。

对自己友善并不是放纵自己，因为放纵只会让我们越来越不尊重自己，而不能让我们内心安乐。友善意味着以温和的方式了解自己，带着幽默感去观察自己的傲慢、无知、冷酷、僵硬。这些东西虽然顽固，说到底不过是自心玩的可笑把戏，你弄清这把戏背后的玩法，就能逐渐不再被它迷惑。

通过对自己行为和感受的观察，我们会慢慢了解到什么样的行为给自己带来快乐，什么样的行为造成痛苦。为了让自己快乐，我们将学会谨慎取舍身体和心的行为。

在观察自己的过程中，如果我们足够诚实和专注，就会发现很多时候我们都在不知不觉中伤害了自己和他人。我们喜欢夸大内心的感受，尤其是负面的感受，虽然这样做会加重自己的痛苦，但我们因为不想把心打开，不想原谅某个人，或者不想面对真相，而宁愿相信自己深受伤害。有时让自己心碎比宽恕要容易、痛快得多。

由于缺乏觉察，我们不能看清事物的状况，不能了知自己的真实感受，而使自己处于不必要的伤痛、焦虑和混乱中。

即使出于善意，我们说话、做事的方式也可能给他人造成伤害，不过我们总以自己发心好为理由忽视这种伤害。事实上，这样做只说明我们并没有准备敞开心胸，在内心深处并不想要与他人交流。许多人在生活中面临的最大僵局就是习惯性地封闭自己，排斥与外界交流，任何一样东西都可能被用来搭建自他之间的藩篱。是非对错、道德观、价值观、信仰都能成为拒绝交流的好借口。你认为自己是对的，是站在道德、正义一边的，所以有理由漠视对别人的伤害。或者，你认为自己对生命、世界的了解更深刻、更透彻，因而很难向不信因果的人表示应有的开放和友善。

然而，大乘菩萨的友善是无条件的。我们可以一步一步来推进这种友善，前提是把心打开，让所有我们祈愿他快乐的众生都真正进到我们的心里。对我们来说，**"众生"不是一个无关痛痒的词，而是代表着在情感上能与我们相通相连的一个个具体的生命。**

培养爱的能力，如果你感觉从自己做起比较难，则可以选择任何一个最能激起你心底温柔之爱和感激的人，真诚地希望他快乐。然后你把这种爱和感激投射到其他亲近的人身上，并祈愿他们同样获得安乐。

对很多人来说，刚开始即使是对亲人和朋友，也无法怀着无条件的友爱，但这没关系，做作的发愿也能帮助我们超越自己的极限。如果不是发愿，我们恐怕永远意识不到自己的麻木、狭隘：不要说每天与自己擦肩而过的陌生人，就连身边的亲友，又有几人是我们关心的？

某些情况下，我们也许会发现对亲近的人反而更难以无条件地去爱，因为亲密的人之间往往有太多执着。我们心里会有许多的期望和要求，要求对方完全理解、欣赏、领受、符合我们的心意，不然便感觉失落、痛苦。

束缚在这种心态当中，去爱就意味着准备去受伤害。越是关系亲近的人越容易闹别扭，比如父母与子女之间、爱人之间，都是真心实意地为对方好，可也常常因为这种满带着欲求的好而彼此受伤害。对亲近的人，我们并不缺少爱，而是缺少宽容和放松。

作为修行者，不妨提醒自己：生活中遇到的每一个人都会令我们的人生有意义，但那些爱我们的人，让你我的人生不仅有意义而且美好。仅为这一点，我们也应该对他们心怀感激。

为不相干的人或陌生人发愿是一个更大的挑战。只是想象一下街口人头攒动的景象，然后笼统地说一声"愿他们快乐"，似乎不够真诚。我们可以把祈愿落实到日常与人相处中，让每一个与我们接触的人都感觉到我们的善意。

也许那一整天他都很不顺利，但我们的友善让他的心头松了一下，这就是很好的开始。接下来我们可以为遇到的人发愿，希望他的好心情能保持长久一些。人心是相通的，如果我们护持着心中的善愿，其他人必定能感觉到它的温暖，尽管他们也许会不承认或不表现出来。当我们向他人表达善意时，如果不期待对方也同样做出善意的反应，我们就会更加轻松、投入。

其实，内心越来越宽阔、坚强、温柔，这便是我们能得到的最好回报，也是我们自己快乐的源泉。

为憎恶的人发愿是极为艰难的，所以我们把它留到最后，等自己已经习惯善待很多人之后，再进一步挑战自我的极限。从最初的不能善待自己到善待陌生人，我们的心量在不断扩大。冷漠往往不是因为缺乏爱的能力，而是因为不相信自己敞开心胸的能力。

一个神智清明的人，在正常情况下是不会以害人为乐的，所以面对伤害过我们的人、与我们作对的人，让我们难堪、讨厌的人，我们可以去体念他的烦恼，检验自己的宽容和开放能力。可恶之人总能一眼看到我们的弱点，直戳痛处，因此与他的相遇正是我们修行的良机。一切痛苦都来于自己的执着，如果有人让我们痛苦，我们首先应该检视的是自己。从这个角度来说，可恶之人是我们的老师，他会毫不留情地指出我们的执着在哪里。对这些以怨敌形象出现的老师，不论我们现在感觉多么难以接受，最终都会真诚地希望他们快乐。没有他们，我们在仁爱的道路上真的无法一次又一次超越自己。

最后，我们怀着善意祈愿一切众生，包括自己、他人、大小动物以及其他世界存在的生命，永具安乐及安乐因。

"愿诸众生远离痛苦及痛苦因"，希望所有众生都远离痛苦，这就是悲心。

无论生活际遇如何，我们都要发愿活得快乐，而悲心是在此基础上，更要有勇气，愿意去经验痛苦，不仅为自己，还要为他人。

与慈心相比，悲心需要更多的温柔和坚强。肯去感受痛苦不是因为嗜苦成癖，而是痛苦让我们放下骄傲，看到自己脆弱的一面，并通过它，体念到其他人的恐惧、伤痛和烦忧。人们常常因为感觉到自己的脆弱而变得充满攻击性，试图以生硬和残忍来保护自己。悲心的训练却是反其道而行，因悲悯自己而悲悯他人。

对自己最好的保护不是让别人痛苦，也不是让自己免受痛苦，这两者都只能使我们更加冷漠和孤立。如果意识不到这一点，我们就会一直伤害他人，伤害自己。

学着以开放的心胸去经历痛苦，我们将不再会疏离地看待其他众生的苦，而且对苦的根源会有更深刻的认识。这时，"愿诸众生远离痛苦及痛苦因"的愿文在我们心里就有了更真诚而具体的含义。

我总记得少年时期跟随老堪布赤诚嘉参外出传法，无论是灌顶还是讲经，每念到与众生痛苦相关的内容，堪布都会落泪。有时很大的法会，下面坐满信众，他照样涕泪直流。我那时年纪小，不懂事，觉得堂堂一个堪布竟在法座上哭得稀里哗啦的，很令人难堪，因此私下提醒他不要那样。我们亲如祖孙，无话不谈。老堪布很抱歉地跟我解释说，他想到众生的痛苦，心里实在难受，眼泪忍也忍不住就流了出来。等我长到能理解老堪布的悲心的年纪，他老人家已经圆寂了。

悲心的训练与慈心一样，也是从自己或任何一个最能激起你悲悯之情的人或动物开始，逐步扩展到亲人、朋友、认识却不相干的人、陌生人、憎恶的人乃至所有众生。

自己在经历痛苦时，努力保持住觉察，看到情绪的变化，看到自己的反应，看到脆弱、怨恨和惊慌，同时尽量把心敞开。这时你能了解报纸上、电视里、书本中那些遭遇不幸的人心里的感受了。他们无论做什么，你都不会诧异，你都能体谅。谦卑、宽容、感恩这些词语背后的深意，此时你方开始理解。

当我们看到苦难的景象，不要马上把头扭开，在自己能承受的范围内，去体验其中的痛苦，并尽己所能地伸出援手。这是我们学习如何生活的重要课程。

寂天菩萨在《入行论》中详细讲述了自他相换的修法：把痛苦、烦忧吸进自己心里，把喜乐、轻松释放出来。

自他相换又称为施受法，即施与和接受。日常工作、生活中的各种具体的情境下，随时随地都可以通过观想为自己和其他众生修这个法。比如，自己感觉到压抑、疲惫时，先安静片刻专注于内心的感受，看到那个在压力下疲惫不堪的自己，然后深深地吸气，把压抑、疲倦等不适感吸进来，呼气时把轻松和旺盛的精力送给自己和其他人。

吸气和呼气过程中的观想可以非常具体。如果你的朋友不小心把手割破了，你可以尽量去观想他的伤口，去感受他的疼痛，然后通过绵长的吸气把那种痛感吸进来，呼气时观想给他送去止血贴、创伤药和止痛片。如果你知道对方最需要什么，或者什么东西最能令对方欢喜、放松，你就可以在呼气时观想送给他什么，一杯清茶，一段音乐，都可以。如果你不知道该送出什么，则设身处地想象一下自己在同样情境中会需要什么，然后把它送出去。

悲心的基础是平等。有上下之分、人我之分，便无法完全体悟万物同源的那份亲情。不要以高高在上的姿态去可怜那些境况不佳的人，那样我们非但不能经验、分担他们的痛苦，反而会给他们造成新的伤害。被人怜悯的滋味是不好受的。人在困境中比其他任何时候都更需要平等的沟通，所以我们发悲心时要有沟通的强烈愿望。我们做的不是施与，而是分享。

当然，谦卑到任人践踏也是不可取的。把自己放得太高或太低都无法实现顺利的沟通。慈悲是真心希望所有众生都得到安乐、远离痛苦，有时一味退让只会助长他人的侵略性和执着，却不能使他们快乐或免于痛苦。

有悲心自然会远离嗔恨心，但实践中某些人的悲心却有可能引发嗔恨心，比如在放生时会对杀生者产生强烈的偏见。这时不妨看看自己的心，我们很显然是把自己归到了代表道德、正义和值得拯救的一边，而对方则是无药可救、不值得慈悲的。人的划分可没有这样简单。

每个人都有良善的一面，也有黑暗的一面。只要内心还有执着，就不能避免对人对己的伤害，所以嫌恶那些无明习气更重的人，就像是五十步笑百步。一个人不会因为贴上了道德或不道德的标签，就能解脱或不得解脱，解脱超越了这些。

慈悲行者坚信一切众生解脱的潜力，因而不肯舍弃任何众生。

我小时候常因出身不好受人欺负，心里也会生起气恼的念头，但那只是小孩子一时的冲动，事情过去就过去了，不会对任何人记恨在心。学佛后，面对破坏佛法、毁谤上师的人，要说我当时一点想法也没有，那是打妄语，但是我没有真正怨恨过一个人。对他们，我反倒更加同情。社会上很多人羡慕权势、财富和能力，但这些东西若运用不当，便会成为造恶的条件。不仅如此，人生短暂，荣华富贵到头也不过几十年，死时什么都带不走，反而因为放不下的东西更多而更加痛苦。

慈悲心的训练让我们的气度逐渐开阔，平和之中带着喜乐。

喜乐针对自己是感恩，针对他人是随喜。

法王如意宝曾说感恩是最为宝贵的一种品格。对罹患满足感缺乏症的现代人来说，喜乐是个陌生的东西，不知感念自己福报的人，大概很难理解那种无所希求的欢喜。

在藏地，传统佛法教育的第一步就是观修暇满难得，对自己值遇的一切由衷地珍惜和感激。一般人能做到珍惜美好的经历，而修行人却要在困境中依然感念自己的福报。我有一位弟子，他的未婚妻八年前患尿毒症，长期靠透析维持生命。从二十几岁到三十几岁，人生中最美好的时光，他们相伴相随在医院的病房间辗转度过。他们没有自己的房子也没有积蓄，却过得平和安乐。他们从不抱怨什么，反而真心地认为生而为人、得闻佛法的自己非常非常幸运。

由于珍惜和感激，我们做任何事情都自然而然心怀恭敬。在这个浮躁散乱的年代里，很少有人能静下心来庄重而专注地做事，所以我们的生活中少了很多优雅的东西。喜乐帮助我们找回内心的庄重和优雅。

为别人的成功、健康、善举、快乐等而高兴就是随喜。只有开始随喜这项训练时，人们才会看到自己的嫉妒心有多么强，多么容易被激发。

看似轻而易举的随喜，实际做起来却有相当难度，必须像训练慈悲心那样，有步骤地逐渐扩大随喜的范围。是从亲近的人开始还是从陌生人开始并不重要，关键是找到最容易把"真替你高兴"说出口的对象。有人也许更容易嫉妒近在身旁的人，而对漠不相干或远处的人是否比自己好没有太大反应；有人恰好相反，随喜亲友不成问题，却见不得其他人走好运。

没有人愿意承认自己嫉妒心强，但也很少有人能毫不费力、心甘情愿地随喜他人。

大家都知道嫉妒除了蒙蔽我们的双眼，使我们看不见别人的优点，并让我们的内心备受煎熬外，什么好处也给不了我们。可是因为嫉妒总能伪装成其他情绪，我们一不小心就会受它骗。你力求冷静和客观，有可能只是你不想随喜赞叹某人。你的委屈和失落也许不过是嫉妒心在发作而已。

嫉妒善于伪装，不过说实话，我们心里还是一眼就能把它看破，只是对外不想承认自己妒火中烧罢了，因为我们潜意识里不想让别人知道自己的弱点在哪里。**嫉妒表面上是对别人不满，实际上反映的是对自己不满。我们在哪些方面意识到自己的不足，就会在哪些方面表现出对别人的嫉妒。**从这个角度说，嫉妒心像是探照灯，能够照见潜藏在内心深处的不满和执着。如果我们能训练自己逐渐放松这些不满和执着，就能慢慢减弱嫉妒心，尝试去随喜别人的功德。

慈、悲、喜心都强调平等。大乘修行人不会为了显示公正而力求平等。只因为内心足够开放，对一切都能欣然接受，他的所见往往超越了人我、亲疏、好恶，所以他能自然地平等对待众生，包容一切，毫无偏见，是为舍无量心。

传统上，四无量心的训练一般都从舍心开始。舍乃慈悲心的起点和基础。

《普贤上师言教》中有一个生动的比喻：修舍无量心就像欢迎所有人参加一场宴会，没有人会被拒之门外。

我们把慈、悲、喜、舍分开来讲是为了训练更加方便、有力，实际上这四无量心并非各自独立。慈悲、欢喜若非以平等心为基础，则不够清净，不是无量心。所谓无量，是指发心的对象范围广大，无边无际、无有穷尽；发心的功德不可计量。平等心中若没有慈悲、欢喜，就变成了冷漠和无动于衷。四无量心是你中有我、我中有你，彼此涵盖、融会贯通的。

二、愿行菩提心

在四无量心的摄持下，我们愿一切众生获得无上正等觉，彻底摆脱痛苦、得到安乐，这种发愿称为愿菩提心。

你可以愿自己先觉悟，之后再引导众生离苦得乐，也可以发愿与众生一起渡过轮回苦海，到达解脱的彼岸。或者像普贤菩萨、地藏王菩萨那样，除非所有众生都自由解脱，否则，誓不成觉。

　　发心有大小而无优劣，每个人都可根据自己的因缘发菩提心。只要诚实并且是真心为了众生的解脱，发心无论大小都值得赞叹。如果只是为了做一个"标准"的大乘菩萨，觉得"应该"有最大的发心而去发心的话，则没有必要。

　　发菩提心之后，我们还是会自私、愚昧。没有关系，每个人都会这样。从生起菩提心到圆满证悟之间，还有很长的路要走，所以我们用布施、持戒、忍辱、精进、禅定、智慧等六种有力的方法摄持自己的言行，以帮助实现愿望，这便是行菩提心。

　　愿、行菩提心统称为世俗菩提心。经过长期修行，不断积累福慧资粮，我们最终将见到诸法实相，即胜义菩提心。胜义菩提心只有通过修行才能证到，而世俗菩提心则是通过仪轨发愿、受持，并以六度万行令其日益增上。

　　初学者的世俗菩提心毫无疑问带有做作的成分，不过持续的熏习最终能将做作的菩提心转化为自然流露的菩提心。

　　六度，梵语称六波罗蜜，意为"渡到彼岸"。

　　渡到彼岸比喻我们借助这六种方法，超越二元对立的狭隘思想，达到豁然开朗的自由境地。

　　六度涵盖的范围非常广，寂天菩萨的《入行论》和月称菩萨的《入中论》等所讲的即是六度。这里只是简单地阐释六度的基本含义。

　　六度不是"优秀佛教徒"的行为准则，不是"必须这样""不准那样"之类的硬性规定。在大乘修行者的世界里，菩提心摄持下的一切行为都是方便善巧的。

1. 布施

不是因为你是佛教徒，不对弱者表示同情便觉得很没面子，你才去布施。出于宗教或哲学的动机去行善，是不符合佛陀教法的。

布施的精髓是舍弃贪执。把自己不要或不看重的东西送出去，不论东西本身贵重与否，都不算清净的布施。

我们通过布施来破除自己的贪爱和执着，所以并不存在施惠于人这回事，也就没有必要居高临下、沾沾自喜，或为布施的结果牵肠挂肚。

布施是在自己能力所及的范围内给予。如果别人需要的东西，我们有，就给他。为了布施而刻意去争取、去积累财物，布施本身便成为一种执着，显然与布施的精神相违背。对已拥有的，随时能放弃，对未拥有的，不再贪求，内心满足，这便是最好的布施。

上面讲的主要是财物布施，但同样的原则也适用于法布施和无畏布施。

2. 持戒

戒律常被人误解为束缚。

把自己五花大绑，困在条条框框之中动弹不得，这只是跟自己过不去，佛教徒的持戒不会这样生硬无趣。

戒律指适当的行为，持戒是在适当的时候做适当的事，其目的是不伤害包括自己在内的一切众生。

留意观察言行，我们会发现自己总是在错误的时间、地点做错误的事，像一只闯进瓷器店的大象，把周围弄得一团糟，自己也满身是伤。

佛陀慈悲地教我们应该怎么做才能协调起来，不再因为笨拙而受苦。看见我们装模作样、自欺欺人而又总是弄巧成拙的情景，诸佛菩萨都会发笑。所以，持明无畏洲说："持戒就是所作所为别再让诸佛菩萨发笑了，不然在他们面前该多么难为情。"

3. 忍辱

行为精准意味着我们须保持正念，不轻易对状况下评断、做反弹，这正是忍辱的要义。

任何情况都能适应，任何可能性都会被接受，大乘修行者的内心始终是开放的。没有趋避，所以没有恐惧，也不会不耐烦。他的心太柔韧、开阔，可以无忧无惧地包容一切。修忍辱波罗蜜的行者就像大地，因为有承载万物的能力，才匍匐在万物的脚下。

4. 精进

通过布施，我们学习放下贪着；执着减轻，行为便不那么容易造成伤害，这是持戒；不容易起嗔恚心，这是忍辱。生活中由此而来的变化令人欢欣鼓舞，于是我们的六度之行进入一个新阶段：欢喜、持续修行的阶段。

精进不是因为必须而勤奋去做事。

我们对自己的创造力，对自己的变化充满了兴趣，因而想知道更多。如果生活过于繁复，妨碍了这种求知，我们便欢欢喜喜地让生活简单。如果这种求知需要一辈子，我们便一辈子欢欢喜喜地走在求知之路上，不因为旅途艰辛漫长、看不到终点也似乎没有终点而着急、沮丧，这就是精进。

5. 禅定

禅定是指舍弃散乱。

一般未经过禅修训练的人很难把握自己的心念，总会不由自主地攀缘外境。没有定力而企图在喧闹之中不散乱，几乎是不可能的。对初学者而言，寂静处远离诱惑和嘈杂，是帮助生起禅定的理想环境。前辈的修行者们也一再赞叹寂静之地的殊胜功德。

如果能安住，能不离清醒的觉知，则一切行动都可以是禅定。

6. 智慧

般若空性超越文字，从感受上来说，它比较接近于内心的极度开放状态，清明、辽阔、不固执、不僵化、不拒绝、不期求、不留恋。一切皆有可能。

以开放、清明的心去布施、持戒、忍辱、精进、禅定，你将体会到无所不在的空性。

我们很真诚地发了菩提心，愿意从此走上大乘菩萨道，可心底还是窃窃希望情况一旦变糟，自己有路可退。这毫不奇怪，总想开溜是我们的一贯反应。如果不是假设有路可退，我们恐怕什么事都不敢做。然而，在我们的世界里，时间是单向的，人生根本就是一条单行道。任何事情发生了就无法重来，我们也无路可退。菩萨戒帮助我们放下早先的自欺。

如果真的相信轮回中所有众生在本性上皆与诸佛无别，就该知道在与众生的关系上，我们早已别无选择。

菩萨戒不是无中生有，事实本来如此，受戒前后发生变化的只是我们的心态。

受戒意味着我们不再以为自己与众生是割离的，不再相信自己与众生能割离开。这个认识如此鲜明有力，不断鼓舞着我们尚很脆弱的菩提心。有人把菩提心比喻成一粒种子，菩萨戒则是土壤、阳光、雨露，呵护种子生根、发芽、成长。

菩提心平凡朴实到常被人忽视，但它是大乘佛法一切修为的基础。

有人问我："菩提心的修持需要多久？"我的答案是："生生世世。"

希阿荣博

藏历九月二十二日天降日

2008 年 11 月 19 日

完成文字整理

当年释迦牟尼佛升到三十三天为母亲说法三个月后重返人间。后人把佛陀重降人间的那一天定为天降日，以纪念佛陀为母亲说法的功德。希阿荣博堪布希望所有看到这篇文章的人都生起珍贵的菩提心。

堪布和恩师法王如意宝在玉隆拉措圣湖

| 第四章 |

上师和弟子

　　世俗之事，一般人也能帮你解决，而成办死生大事，方法只有上师能教给你。"金刚上师"代表的其实是上师与弟子之间的一种关系。

　　近日，有弟子问我如何与上师相处，如何跟上师学法。这是非常重要的问题。我参考全知法王无垢光尊者的《如意宝藏论》和华智仁波切的《普贤上师言教》中关于依止上师的内容，结合自己平日的观察，试着对上师和弟子的关系做了一个简单而且不全面的阐述。对于文中疏漏不当之处，我在此向诸佛菩萨至诚忏悔，并期待读者的斧正和谅解。

　　我要特别感谢向我提问的弟子，使我有机会反省自己忝为人师的言行。若这篇文章还有些许可取之处，能对大家的修行有所帮助，就是我莫大的欣慰了。

从皈依到现在，我们努力闻、思、修，生起和巩固出离心、菩提心，并且试探着了解空性。

一切看上去都很顺利，但有一个问题始终摆在我们面前，那就是如何处理与上师的关系。

我们似乎不可能在没有明师指点的情况下，自己摸索出解脱的门道。从无始以来在轮回中流转至今依然困惑，就是一个证据，说明我们仅靠自己的盲目追求和探索是走不出轮回的。佛陀对生命真谛的了悟像长夜里一盏明灯，照亮无数行者的解脱之路。

两千五百多年前他在印度菩提迦耶成道时，我们不知在哪里游荡，总之是错过了跟随佛陀学习、思考、体证的机会。两千五百年，我们由于傲慢、颠倒、固执、牵挂和恐惧，一再错过机会，直到今天。尽管我们依然偏狭，依然不知珍惜，却有人依然持佛陀的智慧明灯，在无尽的夜里等待为我们照亮前路。如果我们还是错过，他说他会停留，他会再来，直到我们不再错过。这就是上师的慈悲。

上师是藏语"喇嘛"的意译，指佛法上的老师，或称师父。

从向外驰求转向回归自性，在这个转变发生的那一刻，我们便开始准备与上师相逢了。

因为习惯于按自己的偏好解释文字背后的含义，思维也总是跳不出"自我"的窠臼，如果没有上师的协助，我们自行阅读、思考或按图索骥地修炼，很难圆满证悟本性。

能准确阐述经论意旨、启发思考并应机给予点拨的上师，是我们学佛路上必不可少的道友。在此基础上，上师本人若有证悟成就则能指导弟子更加迅速、直接而贴切地获得修证体验。

释迦牟尼佛曾说："过去诸佛没有一位不是依靠上师而成佛的，贤劫千佛也都依靠上师获得究竟证悟。"如果我们有佛菩萨的智慧洞见，就会看到今生今世与上师的相逢，是我们在轮回中最圆满、最温馨的经历。

无垢光尊者在《如意宝藏论》中写道：具德上师是弟子一切智慧功德的来源。世俗之事，一般人也能帮你解决，而成办死生大事，方法只有上师能教给你。

要解脱轮回的束缚，仅有心愿还不够，我们得在上师的引导下学习取舍因果，以上师为对境迅速有效地积累福、慧资粮。救拔众生出轮回苦海最有力的是上师的加持，智慧、慈悲、信心等功德增长最快的方法也是依靠上师。

解脱之路上没有比上师更好的向导。

毫无疑问，我们都是真心想学佛、想解脱，否则在这样一个充满诱惑和不信任的年代里，我们不会选择修行这样一条难行之道，也不会心甘情愿接受上师的指导。问题是我们低估了"我"的狡诈、顽强，以及为了自保而无所不用其极的能力。

"我"会随时跳出来，破坏我们跟随上师学习佛法的因缘。为什么他如此不喜欢上师呢？让我们先来看看按照藏族人的传统，一个人拜见上师时会做什么。通常他会献上供养并顶礼，这不仅是出于礼貌和恭敬，其背后另有深刻的含义。

供养包括法供养、承事供养和财物供养，其中以修法的功德供养上师最为殊胜。

法王如意宝以前不止一次强调过，与他结缘最主要是通过修持善法，法供养最令他欢喜。

佛法修行的结果就是断除对"我"的执着。虽然真正的上师不会贪执钱财，但从弟子的角度来说，很多人在这个世界上最大的执着莫过于钱财，见到上师而能把自己最执着的东西送出去，表示你愿意放下对物质的贪执，接受上师的教导。这不仅是削弱我执的有效方法，也是积累资粮的方便之道。无论对上师做何种供养都能迅速积累起巨大的修行资粮。

关于财物供养，一些人可能会有误解，认为谁供养的钱财多谁的功德就大，经济条件不太好的人即使勉强拿出一点钱财供养上师，也不会有多少功德。其实，供养上师主要看弟子的发心。如果你是为了做给别人看，那么供养上师很多财物，也不一定就有大功德。

当然法王如意宝也曾经说过："供养财物的多少虽不重要，却不失为判断弟子信心大小的一个依据。"没有信心，虚荣心再强也不会轻易拿出钱财去供养上师三宝。

如果你对上师有坚定的信心，发愿也清净，供养财物不论多少都同样有大功德。

在佛陀时代，有一位老乞丐常常看见国王、王子和其他人供养佛陀和他的弟子，也希望自己能像他们一样去供养。但她一天乞讨下来仅要到一枚铜板，她拿着这一枚铜板去买油，却发现那连点一盏灯的油钱都不够。油商出于怜悯，给了她一些油，她欢喜地来到寺庙点了灯，并且发愿说："除了这盏灯，我没有什么好供养的。但通过此供养，希望我将来能获得智慧，愿我能帮助众生驱散心中的黑暗，引导他们开悟。"

当天晚上，其他灯的油都烧光了，只有这位乞丐供养的灯一直烧到天亮，不但灯油没减少，而且灯芯仍旧是新的。那天正好轮到佛陀弟子中"神通第一"的目犍连值班照应灯火，他见天色已亮，想把灯熄灭，留到晚上佛陀讲经时再点，可任凭他想尽办法也不能熄灭那盏灯。

佛陀知道后，过来对目犍连说："这盏灯你是熄灭不了的，即使你把世上所有海洋、河流、湖泊里的水都浇在这盏灯上，它也不会熄灭，因为它是由清净的发心供养而来，是为一切众生究竟解脱而点燃的。"

这时，那位乞丐走到佛陀面前，佛陀授记她将来必定证悟无上正等正觉，号灯光佛。

可见，以清净发心在具德上师前哪怕做微不足道的供养，也有无量功德。经论中还说，凡是赏心悦意的事物，如路边潺潺的溪流、山野的花，都可以观想供养给上师，功德同样不可思议。

承事供养是指为上师做事或侍奉上师。

因上师的所作所为无不在饶益众生，无不住于正法中，我们通过自己的身语行为为上师创造便利，虽不是直接修法，却也是间接地利益了众生、护持了正法。并且，这种随喜的功德将汇入上师的功德海中，由圣者上师宏大的愿力而生出的一切善业资粮，我们也将同样获得。所以，无论为上师做什么都是在积累修行的资粮。福德、智慧两种资粮圆满之前，不可能完全证悟空性。即使已证悟了空性，在获得圆满正等觉果位前，仍需精勤积累两种资粮，使修道日益增上。

每当我有机会为上师法王如意宝做点事情，都会高兴不已。昨天破晓时分，在梦中，日夜思念的上师来到我修行的山洞外，我惊喜交加地奔出去。法王笑嘻嘻在洞口的一块藏毯上席地坐下，我担心后面的岩石会碰到法王的头和背部，忙又跑回洞里拿了一块大羊毛毯想为法王做一个靠垫。心里实在太高兴又太紧张，我怎么也没法把那毯子摆弄成靠垫，一直到醒来，我都处于喜悦的忙乱中。

人们也常把供养分为身口意三门供养，指在行动、言语、思想上修持佛法，以此作为对上师的法供养，以及在行动、言语上对上师做承事供养，以意念随喜上师的功德。不论哪种形式的供养都能帮助我们增进信心，减少我执。

五体投地的顶礼，一方面表示你决心放下傲慢和成见，把自己摆在最低的位置，坦然接受一切，不再担心摔跤和失去，另一方面也能积累巨大的福德资粮。

佛经中说：佛陀三十二种宝相之一的无见顶相，便是因恭敬顶礼具德上师而来。

拜见上师时供养和顶礼都有明确的象征意义，表示我们准备好放下我执，这是与上师相处时应有的心态，也是自我不喜欢上师的原因。在上师面前，没有自我的立足之地。

现实生活中，人们通常又是怀着怎样的心态面对上师？首先，在见到上师之前，已经有了很深的成见。上师应该仙风道骨，仪表堂堂，成熟又单纯，威严而慈祥；上师应该有求必应，在我们沮丧的时候给予安慰，困难的时候给予帮助；上师应该适时显露神通，以博弟子的欢心，使他们不至于因为修行枯燥无趣而退了道心……我们就是带着这么多的"应该"去见上师的。如果实际情况与预想的不同，我们便感到失望，甚至开始怀疑上师是否真有德行。

一些人见到上师后会犹豫，不知是否需要深化与他的关系。在与某位上师建立正式的师徒关系之前，的确需要仔细观察。上师是生生世世的皈依处，也是开示取舍道理的导师。如果不加观察而错认不合格的人作上师，求法者将在轮回的痛苦中陷得更深。

藏传佛教尤其强调观察上师。金刚上师与弟子的关系一旦建立就不能失毁，否则触犯密乘戒甚至破戒，后果极其惨烈。

如何辨别真正的上师？《普贤上师言教》中讲得很清楚。

在末法时期，虽然如续部经典中所说具足一切功德的上师极为难得，但作为合格的上师，至少应该满足以下条件：第一是具有无伪的菩提心；第二是精通教法，能应弟子的需要完整传授某一解脱法门；第三是戒律清净。而判断一位修行人是否具备金刚上师的资格，其密乘戒清净与否就要摆在第一位。

"金刚上师"并不像"堪布""活佛""仁波切"那样是一种头衔或称谓，它代表的其实是上师与弟子之间的一种关系。

　　当上师为你灌顶、讲解续部教言或传授密法窍诀时，他与你之间的关系便成为金刚上师与弟子的关系。如果上师本人密乘戒不清净，法脉传承到他那里就中断了，他又拿什么来为你灌顶、讲解和传授呢？

　　有些人在日常生活的琐事上十分用心，吃顿饭、买件衣服都当大事，可在选择上师的问题上却非常盲目大意，似乎随便什么人都可以是他的上师，只要"自我"告诉他：有了一位"上师"会让他感觉自己更完整。

　　一个人会值遇怎样的上师，这既取决于个人的发心及与上师的因缘，又与同时代众生的共同业力相关。

　　当年，释迦牟尼佛直接以佛陀的形象出现在世间引导众生，而在佛灭度后，众生由于福报减小，只能看见佛以阿罗汉的形象示现，阿罗汉之后是班智达利益众生。到现在末法时期，众生眼里只能看见普通人，佛便以普通人的形象出现在我们的生活中。

　　就个人而言，没有宿世的福报，今生不可能值遇贤善的上师，而内心不清净，真佛现前也不会见其功德。

　　所谓观察上师也是观察自心：我们到底是以什么样的心去拜师求法的？是为了解脱还是为了别的？是希望所有众生都今生得安乐、来世得解脱，还是只想自己早日脱离轮回的痛苦？是想了解和证悟宇宙人生的真谛，还是想获得某种灵修体验或者拥有某种新的身份？

若自心清净，佛陀即使以普通人形象示现，你也能认出他是佛；若自心不清净，再好的上师你也看不出他的好。佛陀的表兄弟提婆达多和善星比丘，跟随佛陀几十年，始终都认为佛陀不如自己有见地、有修证、有功德。

佛以何种形象示现，这与众生的共业有关，而在你眼里上师是佛还是凡夫，则完全取决于你个人的福报和智慧。

《普贤上师言教》中特别指出，对上师进行观察是指"在未结上求灌顶求传法的缘分之前善加观察，之后如果是具足法相的上师则依止，若不具足法相则不依止。已经依止了上师后，上师无论行为怎样都应看作是善妙的，全部视为功德，生起信心并观清净心。如果生起恶分别念，则会导致不可思议的过患"。

此外，**师徒之间是否心灵相契也很重要。**

藏语中把拜师学法称为"喇嘛啦登巴"。"登巴"指依靠，心里坚信依靠上师必定解脱。

各人与上师的缘分不尽相同，有人初见上师或仅仅听到上师的名字就会有强烈感应，像米拉日巴尊者第一次听人提起大译师马尔巴罗扎，就对这位不曾谋面的上师生起了无比的信心。也有人是通过不断与上师接触，增进了解而逐渐建立起信任。有的弟子能长期跟随在上师身边学法，像麦彭仁波切的弟子沃莎随侍仁波切三十七年，朝夕相处直到上师圆寂。有的弟子在上师面前求法、听法一段时间后，就不得不离开，阿底峡尊者曾向一百多位上师求法，善财童子也曾走遍名山大川寻访众多善知识。

然而，不论身体离上师是远是近，只要内心保持与上师的默契沟通，理解、领悟、牢记他的教诲，在心灵深处感念他的功德和恩德，就能领受到上师源源不断的加持。这便是跟随上师修学佛法，依靠上师趣入解脱。

因观察而不急于跟上师亲近，与因成见而对上师失望，是两回事。你究竟是不抱成见地观察，还是感觉上师与你所期望或迷恋的形象不一致？有时候，上师会故意以出人意料或令人失望的形象出现，挑战你内心的开放能力。

你如果希望上师威严，则很可能看到他顽童气质的一面；你以为上师和风细雨，他则会表现得严厉苛责；你觉得上师应该超凡脱俗、与众不同，他就会像个普通人一样打嗝、剔牙、生病、衰老。

一心想求即身成佛要诀的米拉日巴尊者见到上师马尔巴时，马尔巴正在地里干活，他是个不起眼的农夫。名满天下的大学者那诺巴求见上师帝洛巴时，帝洛巴正在窝棚里吃鱼，他是当地人所公认的疯乞丐。跋山涉水、历经磨难的常啼菩萨最终见到上师法胜菩萨时，法胜菩萨正在宫殿里享受妙乐。这样的例子不胜枚举。

上师们看来套路都差不多，上来先打破你的成见，让你怅然若失、不知所措，让你认识到成见的虚妄可笑，尤其是对你指望能传授解脱之道的那个人抱有成见。

以前我舅舅罗荣丹巴常对他小时候的一段经历津津乐道。他的父亲，也就是我的外公过世时，家人请来著名的索南嘉措活佛为亡者超度。谁知活佛过来饱餐一顿后倒头便睡，舅舅见状，心里不免着急。直到第二天中午活佛才醒来，他笑着说："我还是念念经吧，不然那个孩子要怪我了：'净吃我家的东西，什么事也不做。'"舅舅听了这话，又惊讶又愧疚，对索南嘉措活佛生起了巨大信心。

没有被上师的显现吓跑，你留了下来，这也许是很久以来第一次，你抵制住自我的诱惑，没有被它牵着鼻子走。这失败让骄傲而狡猾的自我无论如何也不甘心，于是它立刻使出新招，向你道喜说："现在你已经成为这位重要人物的弟子，你的福报非常人可比。你不仅比一般的凡夫俗子更高明，也比其他宗派的佛教徒更尊贵。你是上根利器，万里挑一。"如此吹捧之言，你听起来却颇为受用。让你感觉自己很重要，是"自我"惯用的伎俩。

在"自我"的怂恿下，你忙着扮演新的角色。在世人面前，你扮演佛教徒，在佛教徒面前，你扮演道行更高的佛教徒，在上师面前，你扮演"孺子可教"的好弟子……这种扮演，可能是有意的，但绝大多数时候却是无意识的。换言之，你以为自己是佛教徒，而实际上你只是在扮演佛教徒。

你换一种吃饭、睡觉、说话、生活的方式，定期烧香、磕头、放生，为宗教或公益事业出钱出力。这都没有问题，关键是你做这些是为了向世人证明你是佛教徒，或是为了让自己安心，肯定自己的确走在公认的正道上，还是为了把自己的本来面目探个究竟？

佛陀传授八万四千法门，无一不指向解脱，但不论修哪个法门，若只是做表面文章，而不肯硬碰硬在自心上下功夫，解脱都将遥遥无期。

"自我"说："上师对每个人的解脱都至关重要，一定要给上师留下好印象。"于是你把自己最好的一面展现出来，希望博得上师的青睐。很多人都有这种经历：自己本来心浮气躁、傲慢生硬，但一到上师面前，整个人就平静、柔和、喜乐起来。如果这种转变是自然流露的，当然再好不过。

经论中对弟子在上师身边的言行轨范有详细的开示，比如态度要谦逊温和，姿势要恭敬调柔，不可轻浮张扬、无所顾忌等。对一般人来说，这种种寂静的威仪是需要刻意模仿，才能慢慢学会的，所以只要心里是真恭敬，一开始在上师面前有点做作也很正常。

我的一位弟子每次见到我都毕恭毕敬、诚惶诚恐，言行举止显得有些夸张，常常让旁边的道友发笑。虽然作为上师的我并没有什么功德，而他真诚的恭敬心有巨大功德，所以我非常赞叹随喜他。但如果你只是装模作样，想表现得比别人更稳重、大方、有见识、有心胸，好让上师对你另眼相待，则很难与上师相应。

《普贤上师言教》里工布奔的小故事也许可以给我们一些启示：

在藏地工布地方有一个单纯的人，叫阿奔。一次，他去拉萨朝拜觉沃佛。到大昭寺的佛殿时，其他人都走了。他又累又饿，看见供桌上的食品和酥油灯，心想：觉沃仁波切是把这些糌粑团蘸上灯里的酥油吃的，为了让酥油不凝固才点火，好吧，我也照着他的样子吃点儿东西。

　　于是，他把糌粑食子蘸上酥油津津有味地吃起来。吃完后，看着觉沃佛像说："神馐被狗叼走了你也是笑眯眯的，酥油灯被风吹动你还是笑眯眯的，你真是一位好上师。我的这双鞋托你保管，我转绕你一圈就回来。"说完把鞋脱下来放在觉沃佛像面前，自己转绕去了。

　　香灯师回来，看见佛像前的鞋准备扔出去。这时，觉沃佛像开口说话了："这是工布奔托我保管的，不要扔掉。"

　　那个工布奔回来取鞋时，又说："你真是一位好上师，明年请到我的家乡来吧，我会准备好酒菜等你。"觉沃佛像说："好的。"

　　工布奔回到家里对妻子说："我已经邀请了觉沃仁波切来做客。不知道他什么时候来，你记着点，常去外面看看。"

　　第二年某天，他的妻子去河边提水，在水中清楚地显出觉沃的影像。妻子立刻跑回家告诉丈夫："那边水里有一个人，是不是你请的客人呀？"他马上跑去看，果然看见水里现出觉沃仁波切。他认为觉沃落水了，奋不顾身跳进河里救人，还真的把觉沃拽了上来，于是他高兴地拉着客人往家去。

在工布奔简单的心里，觉沃佛像不是"和佛一样"，而就是佛本人。佛也不是几千公里以外生活在古代的一个印度人，而是近在眼前、能跟他说得上话的一位上师。上师不是在天上飞来飞去、不食人间烟火的神仙，供佛的食子不是摆样子的，上师出门也会遇风雨，过河不小心也会落水需要人搭救。

阿奔真心恭敬、喜欢觉沃仁波切，否则像他那样对礼节、应酬完全没有概念的人，不会张罗着请上师来家里做客。而他恭敬、喜欢上师的原因，不是上师有名气、有神通，而是"神馐被狗叼走了你也是笑眯眯的，酥油灯被风吹动你还是笑眯眯的，你真是一位好上师"。

阿奔心里没有成见和假设，假设自己是信徒，假设信徒应该如何对上师，假设上师应该如何反应和表现。他不懂这些，只是那么单纯而坦白地来到上师面前，打心眼儿里亲近上师。

每个人的性格不同，与上师的缘分不同，见到上师也会有不同反应：有人放松，有人拘谨，有人鲁直，有人细腻。

记得法王如意宝在世时，我和我的几位师兄弟每次见上师前都会紧张得手足无措，总要在上师门外踌躇很久，谁也不敢头一个进，有时不得不靠抓阄来决定先后顺序。

不管怎样，只要是单纯而坦白就比较容易与上师相应。

以前法王如意宝谈起自己早年求学的经历，常说："我对根本上师托嘎如意宝无比敬畏，虽然心里渴望亲近上师，但没有上师的吩咐，万万不敢鲁莽地跑到上师面前去。"

那时，他经常偷偷地在远处望一望托嘎如意宝住的小屋，只要能远远地看一眼上师进出的身影，他就心满意足了。如果张望时恰巧被上师瞅见，叫过去摸摸头，他更欢喜得不知如何是好了。

法王如意宝还常提到他年少时拜见观音上师的有趣故事。在后人发掘的莲师伏藏法中，有十三个伏藏法明确授记了班玛斯德上师乃观音菩萨的真实化身，因此人们也称班玛斯德上师为观音上师。

法王初见观音上师，少年天真烂漫的心里满以为自己会见到衣带飘飘、雍容华贵的观音菩萨，不承想眼前出现的却是一位普通的藏族老人。法王以为自己看错了，揉揉眼睛再看，还是一位朴实慈祥的老者。他心想："一定是我的业障使我看不见观音菩萨！"于是，他闭上眼睛深深地忏悔、祈祷。在他心中，上师与观音菩萨无二无别的信念不曾有一刹那动摇过。

正因为如此，观音上师对他赞叹有加，在观音法会上欢喜地对四众弟子说："从托嘎如意宝那里来的大菩萨参加我们的法会，使大家念咒的功德成倍增长，真是太荣幸了！平时我要求大家念咒要严格计数，不能随意夸大，但今天情况特殊，我们可以放大胆子，多一点计数也没问题。"说完，带头拿起念珠把计数结的位置往前又移了几颗。

法王如意宝常用这个故事来教导弟子说："我们由于自己的

福报、因缘，也许一时不能现量看见上师就是佛菩萨，但只要我们不起无谓的分别念，真心忏悔自己的业障，上师就会欢喜，上师的慈悲加持就会融入我们心间。"

有句话说："千江有水千江月。"上师心若是空中圆月，各人心中的江河愈平静清澈，映出的月影就愈皎洁圆满，污物漂浮、波浪汹涌的江面倒映出的月影必是染污零乱的，所以宝月一轮当空，江月各自不同。

然而我们同时也应该认识到，只要江中有水，不论清净还是污秽，都能映出月影。一江有月，千江有月。不要以为只有自己才与上师相应，也不必担心其他人与上师接触会减损自己与上师的相应。这个问题说起来简单，实践中却常常成为大家修行的障碍。

有时候，其他人若比你更接近上师，会让你感觉不舒服。如果有可能，你甚至会阻碍上师与其他信众交往。你相信这种带排他性质的贪执就是对上师的信心，而实际上，它只会妨碍你与上师、道友之间的交流，你会发现自己越来越无法领会上师的意趣。

清净的信心是开放平等的，不会排斥其他道友，也不会排斥其他具德上师。当你能做到绝不舍弃已有的上师时，若值遇其他有缘上师，仍然可以前去依止。不是每个人只能有一位上师。上师不是某位弟子的专利，同样，弟子也不是某位上师的专利。

有些信心清净的修行人，由于因缘和修法的需要，会依止随学众多善知识，而丝毫不起冲突或退失信心。到底是依止一位上师好还是依止多位上师好，这完全看你的信心是否清净。如果见到新上师就舍弃原来的上师，则会失去所有上师的加持。

舍弃一位上师等于舍弃一切上师。

以前，有三位修行人向钦哲益西多杰尊者求灌顶。尊者说："如果你们答应舍弃自己的上师就给你们灌顶。"因为这次受灌顶的机会极其难得，其中两人思前想后，最终同意了尊者的要求，而另一个叫沃惹的人却说："我的上师没有丝毫过失，就算嘴里假装说舍弃而心里不舍弃，我也不会做。"于是，他被尊者赶出了受灌顶的行列。

就在沃惹心灰意冷返回家乡的路上，钦哲益西多杰尊者派人把他请了回去。尊者当众赞叹说："依止上师就应该像沃惹一样。"随后把那两位舍弃上师的求法者赶出了寺院。后来，沃惹依止钦哲益西多杰上师多年，被上师称为"与我无二的尊者"。

弟子的所作所为皆令上师欢喜，这样的动机无疑是纯正的，不过有时"令上师欢喜"却会成为我们固执己见的借口。

当我们认定自己所做之事正确无误时，会比平常更固执。而对虔诚的我们来说，没有什么比让上师欢喜更正确的事了，所以我们一旦认准自己的方式合乎上师心意，就很难再接受其他人的不同意见和做法。然而道友之间，尤其是金刚道友间的和睦相处极为重要，金刚道友是解脱路上直至成佛不离不弃的同行者。

金刚道友闹矛盾会扰乱上师的心，对上师的住世和弘法利生事业制造违缘。出发点是"令上师欢喜"，最后却犯下如此严重的过失，这样的结果实在令人惋惜！究其原因，还是"我执"在作怪，什么都有可能被"我执"利用，即使最良善的动机也会成为修行的障碍。

《时轮金刚》中明确指出，十四条密乘根本戒中关系到上师的有三条：不扰乱上师心，不违背上师教言，以及金刚道友间不相互嗔恨。这第三条戒律常被人忽视。

人们只知道上师是严厉的对境，却不知道金刚道友之间关系紧张、破裂直接关乎上师，因此也是严厉的对境。

我们若有机会与其他道友共事，一起为上师、为佛法做点事情，应该珍惜这份福报和缘分，随喜道友的发心和行为，即使有意见或分歧也可以沟通解决。

很多时候，为了护持他人的善心、善念，成全他人的善行，不仅我们自己的意见、方式可以放弃，甚至我们所做的"善事"或"正确的这件事"本身也可以放弃。我们不必坚持事情一定要做到完美。如果参与者都能够通过共事减轻烦恼、增加法喜和道心，就是完满了。

法王如意宝曾告诫弟子："不要惹众生心生烦恼。"无垢光尊者曾建议修行人："一切按上师说的做，这就是最大的供养。"又固执又不善于取舍因果的我们，也许应该时刻牢记圣者的教言。佛经中，道友们的聚会告一段落不是也常常以"皆大欢喜，信受奉行"来描述当时的情景么？

根据大圆满宁提金刚藏乘的观点，只要师从一位传承清净无染、具有殊胜证悟的上师，视上师为佛，以坚定的信心至诚祈祷，自己的凡夫心就能与上师的智慧彻底相应，无二无别，靠上师的加持就能使自相续生起证悟。

法王如意宝十五岁时，怀着对无上大圆满的强烈信心，至诚祈祷麦彭仁波切。每念完一百遍麦彭仁波切祈祷文，便仔细研读一遍仁波切所著的大圆满窍诀精髓《直指心性》。如是反复，在圆满念诵一百万遍祈祷文，阅读思维一万遍《直指心性》后，心相续中生起前所未有的大圆满境界。

然而，如果你认为这辈子只要跟着上师就不发愁了，把一切都心安理得地交由上师决定，这样做可能并不完全正确，你也许只是不想对自己负责罢了。

我们这些人，无始以来上天入地，什么都见过了，生生世世的烦恼伤心，一转脸，又忘了，再来，还是浑浑噩噩纠缠不清。释迦牟尼佛说过："吾为汝说解脱道，当知解脱依自己。"自己不下功夫，总想着上师会像扔石头一样把你扔到极乐世界去，上师能力再大、悲心再恳切也无法满足你这个愿望。

当初，米拉日巴尊者在绒顿拉嘉上师处求到大圆满的灌顶和修行要诀。上师说："我此殊胜大圆满法，昼修昼成佛，夜修夜成佛，具有宿缘者不需修持，仅以听闻就能解脱，乃极利根、具法缘者所修之法。"

米拉日巴尊者心想："我以前学咒术时，仅仅十四天就出现明显验相，学降冰雹术也只用七天就成功了。现在此法比咒术、降冰雹术更容易：昼修昼成佛，夜修夜成佛，具缘者不需修持。我既然已遇到此法，也算具缘之人。"所以他什么也不修，整天睡大觉。过了几天，上师说："看来我无法调伏你，你还是去找圣者大译师马尔巴罗扎吧。"

现在交通、通信发达，想向哪位上师求法，坐上飞机、汽车一会儿就到了上师面前，或者在家里，足不出户通过网络、音频、视频听上师讲法，各种各样的书籍都比较方便看到，这些都是学法的便利条件。相比之下，以前的修行人为见上师、求正法而历经的磨难要大得多。

法王如意宝少年时期从家乡色达步行五百多公里，到石渠江玛佛学院拜见托嘎如意宝，沿途靠乞食维生，翻山越岭，不知克服了多少困难。之后在上师座下全面听受显密教法，小小年纪也能和大人一样忍受千辛万苦而丝毫不动摇精进学法的决心。

那时，法王如意宝父母双亡，没有人供养他在外求学所需的衣食，他只好常年靠江玛佛学院定期分配给僧众的少量酸奶维生。他住的草坯房狭小简陋，四壁透风。每当秋冬来临，没有足够御寒的衣服，便在屋里挖一个大坑，坑里填满干草，每天大半截身子坐进坑里看书，以此取暖。晚上点酥油灯彻夜用功，累了就靠在坑壁上休息一会儿。

法王常常用全知无垢光尊者依止持明上师革玛燃匝的故事来鼓励自己：无垢光尊者在最贫困的时候，曾经靠区区三藏升糌粑粉维持了两个月的生活。每当下雪，就钻进一个牛毛口袋里取暖。这个口袋既作盖被又当褥垫。

尽管条件如此艰难，尊者仍然坚持不懈在革玛燃匝上师面前恭听了诸多法要，被人们称为"更钦耶尼雅巴"——住在牛毛口袋里的全知者。后来，尊者成为革玛燃匝上师法统的传人，凡见到、听闻、忆念或接触到尊者的众生都将获得菩提果位。

上师的加持无所不在，生活中的一切际遇都是诸佛菩萨的加持。这意味着我们决心直面生活的实况，选择把顺境、逆境都看作修行的途径。

但是，对有些人来说，"上师的加持"也许恰恰意味着可以不直面生活的实况。你希望有一种方法、有一个人，能带你超越这琐碎而低俗的人生，进入一个全然不同的美妙境界。世俗的事务不再让你感兴趣，这究竟是好是坏呢？

如果你仍然想要成为、想要得到并且保有，不论目标是世俗的功名利禄、情感欲望，还是非世俗的名闻利养、神通境界，背后的行为模式都是一样的，你不过试图用另一套东西来强化我执。

如果你失业了，你不会认为这是因为自己能力不够、运气不佳或者人际关系没处理好，而宁愿相信这是一项考验，是上师或者诸佛菩萨想看看你是否堪受人生的大礼。你觉得，在你生活中发生的一切，桩桩件件都是另有深意的。你不会真正摔跤，就算摔倒，也应该摔在莲花或至少是棉花上。然而，如果我们真正相信上师的加持无所不在，就不会在意自己会摔得多惨，哪怕山穷水尽，比周围的人都更潦倒，也是可以接受的。事实上，这份坦然和决心，已足够令我们的生活开阔而富足。

我们听从上师的教导，开始闻思佛法。佛教经典的文学之美、逻辑之美、思维之美，各种理论、概念、公案让你振奋赞叹，但这一切如果没有融入你的心相续转化成你个人的领悟，对你来说就只是一堆知识。

法王如意宝以前常说："闻法是为解脱，不为积累、卖弄学问。"尽管你可以在自己收集的知识中找到肯定和安慰，也可以向世人炫耀，但这并不能保证减少你的困惑。若没有对上师的坚定信心并随时祈祷上师加持，我们在闻思修过程中的努力很容易就受到习气的影响，而成为一种囤积行为，囤积学问、囤积经验。

从前，那诺巴尊者曾是印度最负盛名的班智达，精通三藏，辩才无碍，但智慧空行母却提醒他："你只是精通词句而并未彻底证悟。"尊者知道空行母所言正中他的要害，于是毅然放弃一切功名成就，从零开始跟随帝洛巴尊者学法，受尽磨难而始终心无旁骛地追随上师左右，最终在上师的加持下证悟诸法实相。

大圆满传承祖师嘉纳思扎尊者和布玛目扎尊者也有过类似经历。两位祖师都曾五百世转生为大班智达，却始终未能证得无上正等觉。后来金刚萨埵在空中示现，给予指点，他们先后远赴东土拜熙日森哈尊者为师，依靠上师传授的大圆满窍诀终于证得佛果。

佛法强调闻思修并举。闻思的同时，我们要修法，要用亲身体验去印证佛法的教义。

对刚入门的人来说，实修往往充满神秘感和吸引力，但当你满怀跃跃欲试的热情，请求上师授予那传说中奇妙无比的高深法门时，他要么微笑不语，要么建议你去磕头、持咒，或做其他诸如此类、再平凡枯燥不过的事。你简直不明白他为什么要这样打击你的积极性。难道不需要做点儿什么与众不同的事就能成佛吗？难道磕头、持咒与开悟有必然联系吗？你开始怀疑上师是否真的愿意教给你任何有价值的东西。

"自我"就是这样，只要不如所愿，很容易就陷入猜忌当中。你想有所作为，想超凡脱俗，这都是"自我"成就欲的表现。

因为看到世俗生活的如梦如幻，我们才投入宗教修持中。而如果这种修持总也无法满足成功欲，我们便想：精神修持大概并不比世俗生活更真实可靠，如果花同样多的时间和精力在世俗营生上，不至于会像现在这样一无所获。

我们就是这样在世俗与宗教、物质追求与精神修持之间跳来跳去、摇摆不定，而实际上我们的态度和方式从来没有改变过。

在修行路上坚持不懈，做到这一点比我们预想的要艰难得多。我们只有在自我感觉越来越好时，才相信自己走对了路。如果情况没有变好，我们就会犹豫不前或干脆放弃。

不幸的是，在修行开始很长一段时间里，大部分人都会感觉很糟糕。以前因为散乱，我们根本察觉不到自己有多么浮躁、僵硬，而通过心的训练，我们也许是此生以来第一次看到了自己的混乱。这让很多人感到难堪甚至无法接受，但这是修行的必经之路，如果不能面对自己的混乱，定力将无从谈起。

经论中说：修行之初，我们的心像高山上飞流而下的瀑布，喧闹杂乱；一段时间后，心变得像平原上流淌的河，不再水花四溅、势不可当；再后来，心像大海，远看平静如镜，走到跟前还是会发现海面起伏的浪花；最后，心像高山，坚毅沉静、岿然不动。

"不要用神秘的眼光看待修行，不要企图非凡。"这是上师要传达给我们的第一个信息。可我们往往要在吃尽苦头之后，才会明白这个道理，所谓"平常心是道"。

上师建议我们持咒、磕头、修加行，原因之一就是让我们逐渐放下各种不切实际的想法，消退好高骛远的冲动，在平实中体会修行的滋味。

你看《金刚经》里第一段写道：佛陀与弟子在舍卫城外的树林里静坐，到了吃饭的钟点，便穿好衣服，拿上碗去城里挨家挨户乞食，回来吃完饭，叠好外衣，收起碗，把脚洗洗干净，拍拍坐垫，继续静坐。圆满无上正等觉、堪受人天供养的佛陀，过的就是这样平实的生活。

等几百万遍心咒念完、十万个大头磕完，尽管你可能还是观想不清佛菩萨的形象和坛城的细节，但是你的心安静多了，不再成天玩弄"即身成佛""大圆满""大手印"之类的概念，也不再野心勃勃，一副志在必得的样子。**修行对你来说，是次第而行，是平凡而具体、每天都在做的一件事，像吃饭、睡觉那样。**

释迦牟尼佛说："众生皆具佛性，不生不灭，不增不减。"佛性、本来面目、心性等都指向同一个东西。它如如不动，一直就在，不是要等到未来某个时间点才会出现，也不是从上师那里移植过来。上师能做的只是帮助你把背包里不必要的破烂什物都扔掉（看看你这一路走来竟带了多少不必要的行李），直到裹在其中的如意宝珠露出来。

起初，米拉日巴尊者到马尔巴上师那里一心想求即身成佛的法门。他认为必有一种方法是"昼修昼成佛，夜修夜成佛"，能够像点金剂点石成金一样，把他从凡夫顷刻间变成佛。他以为上师必定会一口答应他的请求，但是他错了，无论他做什么都得不到上师的肯定。除了打骂，上师连半句口诀也不传给他。

就在他第一次因为伤心失望而痛哭时，上师跟他说："对法不能太夸张，不过据说你是一个精进的人，若能勤修我的窍诀，或许此生也能成佛。"并且安慰他："如果你能按上师的要求修建房子，就传你窍诀。"

当别人都去接受上师灌顶、传法时，他却要忙着背土石建房子。每次房屋即将竣工，上师都会将他一顿痛打，并且命令他重建。他的背烂了，"法"的影子却依然看都看不到，就这样日复一日，苦难、委屈、琐碎的劳作磨掉了他的傲慢和浮躁，也平息了他急于求成的冲动。他不再以为往昔的业障是随便说说就能清净的，也不再奢望即身成佛，他甚至放弃了继续求法的打算，准备一死了之。而就在这时，他和上师之间的障碍清除了。上师终于同意向他传法。

上师说："为了净除你的罪业，我叫你来建筑息、增、怀、诛的房屋。我把你从灌顶的会座中赶出去，又做了很多不合情理的事情，可是你不起丝毫邪见，这表示将来你的弟子和法统学道时能具足信心、精进、智慧、慈悲等一切弟子应具的条件。修道之时，皆能于此生无大贪着，有忍苦精进修行的毅力，最后生起觉受证解，具足慈悲和加持，成为圆满具相的上师。"

佛陀的教言可以通过文字流传下来，而佛法的真谛只存在于上师心里。它的传承只有一条途径，那就是以心传心。

当你放下成见、伪装和打算，不再牵挂、焦虑和希求，你的心才真正敞开。只有到这时，你才有可能去接收上师一直在试图传递给你的信息。

敞开是一个漫长而艰难的过程，它意味着淡化你我之间的界分，而我们的生活却是建立在分别心上的。整个人生似乎都耗费在分别这个、那个，好、坏，接受、拒绝上了。

我们把事物与概念联系，把概念与情绪、态度联系。如果你的分别能力稍弱，别人就会把你看成智力低下。正是因为全社会都极力推崇分别心，人与人之间才会这样疏离，世界才会这样四分五裂。

分别心使我们用孤立、分离的眼光看待事物，万事万物之间的联结便在我们眼中消失了，所以我们很难以包容的心面对世界，而且相信自私就是利己。

有人不知道怎样印证自己的修行是否有偏差，方法其实很简单：看看你的"自我"是否依然强大，你与他人、与世界之间的界分感是否依旧强烈。

上师帮助我们弱化分别心，训练心的开放能力，有时候，他会采用激烈的手法，像帝洛巴对待那诺巴那样。看上去帝洛巴上师一直在想方设法虐待他的弟子，而那诺巴毫无怨言地全部接受下来。暂且不谈这两位大德各自的成就，单是他们之间的默契交流已经令人叹为观止。

帝洛巴以常人无法接受的方式，一次次想探究那诺巴心理承受力的极限，而那诺巴，这位出色的弟子，一次次向上师证明他的心足够开放。他不愧为帝洛巴法脉的继承者，在他的心与上师的心之间，沟通至为彻底。

我们认为自己相当开放，没有多少分别心，可当上师吩咐我们去做什么，第一反应仍然是要判断，有时还会因为不认同而犹豫或拒绝。不是说我们不信任上师，而是无始以来形成的习气，遇事一定要做评判，稍有不顺就要反弹，问题就在这里。

上师是我们决心恭敬、友善相对的人，对他尚且如此，对其他人、其他事会有什么反应可想而知。因此，上师让我们以他为对境，学习以开放、柔韧的心待人处事。"不违背上师教言"，不是要树立上师的权威，而是为了培养我们平静接受一切际遇的能力。

前辈大德曾建议想跟随上师学法的弟子，要像渡船那样被人呼来唤去而毫不厌倦，或像铁匠铺里的铁砧被冷的热的轮流打击而真心不改。

世间万物相互联系，我们如果能对一个人完全敞开心扉，就能对整个生活开放；如果在任何情况下都能与一个人沟通，就能和整个世界沟通。我们将习惯于欣赏和尊敬周围的每一个人，就像多年以来欣赏和尊敬我们的上师，那份开阔而谦卑的心，直接来自上师。

我们这时才知道寂天菩萨所说的是完全可以做到的，当你看任何一位众生，都怀着真诚和慈爱去看，并且观想：依靠仁慈的众生，我将大彻大悟。

从扭捏作态、浮想联翩，到落到实处修行，上师不露痕迹地帮助我们调整心态。随着修行的不断长进，我们与上师的情义更加深厚温馨。上师是佛，但他并不是那庙堂之上金色脸庞的偶像。**面对上师，我们既有对佛陀的恭敬，也有对另一个生命的发乎真情的关爱。**佛菩萨游舞人间，示现如凡夫般的生老病死、喜怒哀乐，这一切都大有深意。

记得法王如意宝圆寂后不久，我到成都，几位居士来见我，问："法王往生西方极乐世界，我们是该高兴还是该伤心？"法王如意宝已得佛果，娑婆世界对他来说同极乐世界没有差别，但对我们凡夫来说，娑婆世界、极乐世界有天壤之别。法王如意宝为了引导我们，一生倡导发愿往生极乐世界，而且自己也示现往生西方净土。在法王如意宝的境界中，没有痛苦烦忧，但是在我们的境界中，法王的病痛、离去都是真的。我们不忍看见上师承受病痛的折磨，不舍得上师就这样离去。从此失去依怙，众生失去依怙，我们怎能不悲伤！

从前，麦彭仁波切身体不好，他的侍者沃莎为上师的健康着想，时常把前来拜见的信众挡在门外。有时仁波切趁沃莎不在偷偷会见客人，一边往外看一边说："我们得快一点，千万别让沃莎看见，不然，他要对我们不高兴了。"

显现上沃莎对上师很严厉，作为弟子和侍者，似乎不应该这样做，但他对上师的关爱是那样真切强烈，以至于顾不上过多地注意自己的言行表现。这一点，上师当然明白。

麦彭仁波切在圆寂前，来到沃莎的小屋里特意向这位忠心耿耿跟随他几十年的弟子道别，问他是否还有修行上的疑问，并且说：

> 我乃文殊菩萨的化身，以愿力来此世间，非像一般凡夫因业力而来。末法时期众生狡诈多疑，故我以前从未透露过自己的来历。现在我就要离开这个世界，怕你伤心才以实相告。眼前的分离是暂时的，以后你也会去香巴拉刹土与我相聚，我们永不分离。今生师徒一场，凡我有的功德，你都有。你在我身边所做的一切，哪怕是走路，都是未来成佛的因。

因为往昔积累福报，我们才得以在今生见到自己的上师，然而，这样的相逢很短暂。

世人常说："子欲养而亲不待。"上师虽然不像世间的父母那样需要我们养老送终，但上师在世时，我们应当精进依师教言修持佛法，尽己所能让上师欢喜。对上师，愿我们不要留下太多遗憾。

前几天晚上，我梦见自己又回到二十五年前，初到喇荣五明佛学院时，法王如意宝特意为我安排了一间小木屋。我在屋前遇见当时的邻居，他也是年轻时的样子。我们边走边聊，突然在地上捡到一个曼扎上的顶饰。

这时，我一下从那个场景中抽离出来，还是在梦里，但已然是局外人，像看戏一样看着当初，无限感伤：在这个顶饰还新的时候，法王如意宝健在，大家都很年轻，今天很遥远。可转眼间法王如意宝已经走了么？怎么这样快？一阵钻心的痛把我从梦境拉回现实的黑夜中，泪水横流。

我愿意付出一切去换回与法王如意宝再次相聚的片刻，虽然我肯定还会像以前一样，见到上师，就紧张得恍恍惚惚，不知所措，但是，我心里有多幸福只有我自己知道！

与上师相聚，时间并不多，此生为人，时间并不多。

上师在世间停留不是因为留恋，他是不忍离去，想着要帮助我们了悟：我们的心和他的心一样其实已经在光明中。

当我们逐渐敞开心扉，学会恭敬而亲密地对待周围的一切，与己、与人、与世界不再频发冲突，我们会明白这份单纯和坦白都是上师手把手教会我们的。

生活中遇到的所有人、事、物，哪怕是刚才拂面而过的清风，或是路边的一草一木，都带着上师的气息。

在我们感知它们的开放、温柔的心中，有着上师引导我们一路走来的印迹。这时，我们才真正体会到上师的加持的确无所不在。

愿我们时刻铭记上师三宝的功德，忆念上师三宝的恩德！

希阿荣博

藏历土鼠年十月二十一日地藏王菩萨节日

2008 年 12 月 18 日

弟子笔录

本文撰写过程中，希阿荣博堪布多次在梦中见到大恩根本上师法王如意宝，而就在文章完成的当天清晨，堪布再次梦见法王如意宝坐在经堂高高的法座上主持诵经法会，堪布于大众中吹响传法的号角。堪布说："吹号是有专门技巧的，需要熟练控制气息，吹出的声音才会饱满连贯，而我向来不擅此道。"这次在梦中，不知为何由他来吹号。他很担心自己吹不好，小心翼翼、屏气凝神，用力一吹，没想到清畅的梵呗声骤然响起，悠远绵长。那熟悉的法号声，穿越云层、大地，穿越梦境，直传到耳畔枕边……

为堪布做笔录的弟子也于当日清晨梦见天空放大光明，空中布满形状不一、大小各异的彩虹。

　　堪布希望这些吉祥的梦境成为好的缘起。愿这篇文章对大家的修行有所帮助！愿大家对上师三宝生起坚定不移的信心！

圣地扎西持林的玛尼堆

第四部

冬日札记

2009年年初，希阿荣博堪布在家乡的扎西持林闭关中心写下多篇随感，或睹物思人，或畅谈佛法人生，朴实平实的语言背后是堪布一贯的清亮、通达。

2009 年年初，希阿荣博堪布在家乡的扎西持林闭关中心写下多篇随感，或睹物思人，或畅谈佛法人生，素朴平实的语言背后是堪布一贯的清亮、通达。

| 第一章 |

信心

慈悲的上师啊，你永远那样热切地护持着弟子的每一个善念善行。

藏历土鼠年末，我回到家乡。扎西持林的冬天是这样安静。时间成片，昼夜无声交替，岁月的流逝喜乐清明。

扎西持林所在的马头金刚神山脚下曾是嘎玛活佛的住处。当年应活佛祈请，法王如意宝在那里为玉隆阔信众宣讲了取舍善恶等深浅教言。如今嘎玛活佛居住的院落改建成一所养老院，为附近的老人提供一个安心修行、衣食无忧的去处。

法王如意宝在此歇息时用过的床榻完好保存在养老院经堂里。每次到养老院讲课，那张床榻都会勾起我许多的回忆。法王如意宝在五明佛学院的住处也有这么一张床榻，以前法王的屋子很小，一张床就几乎占去一半空间。他老人家总是坐在床上与我们聊天，是那样亲近和温暖！

附近的藏民赶过来，很多人到了山下却又犹豫了，怕冒昧上山打扰了主人，于是纷纷聚在山脚下养老院周围。我几乎每天下午都会过去养老院，与他们聊天，给他们传讲佛法。我实在很高兴见到他们，其中不少人是我儿时的玩伴，与他们一起常让我想起童年的往事和那时单纯的快乐。

来听法的藏民越聚越多，从几十人增加到后来的两千多人。他们虔诚而热情，往往在下课或法会结束后仍不肯散去，总要在路边站很久，等到我出来转山时献上他们灿烂的笑容和羞涩的问候，才心满意足离开。

回家路上，也许想起刚才听闻的佛法，让他们受用快乐，他们便忘情地放开喉咙唱起来，或是佛菩萨的名号、心咒，或是即兴编出的歌谣。婉转嘹亮的歌声回荡在玉隆山谷，使这冬日的傍晚愈发宁静。

在这样一个黄昏，我讲完课后沿山间小径转绕，无意中抬头看见西天上一朵圆形的云彩飘过来，我想那一定是我的上师法王如意宝的示现。上师从西方极乐世界来看我了！他老人家从来就没有离开过我啊！每次回到家乡，看到法王当年在这里弘法留下的遗迹，我都会更加强烈地思念起我的上师法王如意宝。

1994 年（藏历木狗年）春，法王如意宝第二次到多康地区弘法，我陪伴在他身边。虽然事先就知道传法途中会经过我的家乡，我也窃窃盼望：说不定法王如意宝到时候能去我家里坐一坐。但说真的，这对我来说实在是太大的一个奢望，光是想想就让我的心激动得怦怦直跳。

后来当法王如意宝真正走进我家简陋的牛毛帐篷，为前来拜见的人们赐福、传法时，我幸福得直想哭，害怕眼前这一切都是在做梦。

世事如梦！仿佛只在转眼之间，身在其中的一切都变了。法王如意宝示现圆寂已经五年。牛毛帐篷变成了一座白塔，在晴朗的日子、在风雪交加的日子、在无常而悠长的岁月里，提醒着人们曾有一位圣者在这里停留、歇息、宣讲佛法。这座白塔最终也会在时间的刀剑下化为粉末，随风飘散，到那时，我对法王如意宝的思念和感激，人们对法王如意宝的思念和感激，还会继续。

法王如意宝生活朴素，对衣食住行没有什么要求。他不爱穿鞋穿袜，一年四季常常赤脚走路。记得我们在经堂等待法王上课，只要听到那厚实的大脚在地板上一路走来的熟悉的声音，我们就知道上师到了。至今想起当时的情景，我仿佛仍能听见法王急切又稳重的脚步声。

弟子供养的衣服，法王往往穿一两次便转送他人。信众供养的钱，他也都拿出来分给学院的出家人。听说当年在江玛佛学院学习时，几乎一无所有的他曾几次把自己微薄的财物全部供养给上师托嘎如意宝，连一件衣服也不留，供养完上师只好向道友借衣服穿，等有了钱再慢慢还。

后来在喇荣五明佛学院，法王又数次携妹妹阿里美珠空行母和外甥女门措空行母把除佛像、经书和一身衣服以外的所有财物变卖，所得钱财由学院僧尼平分。

除了开法会需要，法王平时也不喜欢戴帽子。他曾说出家人没事戴顶帽子显得对上师和僧团不够恭敬，如果一定要戴，就只戴莲师用过的一种圆形小帽。

记得那时法王在课堂上讲过此事后，学院出家人果然不再戴帽子，只有阿莫绕多一个人标新立异，找人定做了一顶莲师一样的小圆帽，戴在头上到处走，大家怎么取笑他也不在意。现在回想起来，他可真是个率性的人！他后来坐脱立亡、潇洒往生，应验了大圆满宁提金刚藏乘的一个观点：只要师从一位传承清净无染、具有殊胜证悟的上师，修行人仅靠对上师坚定的信心就能解脱。

法王如意宝正是这样一位可以把今生来世的安乐都托付给他的上师。

1994 年，扎西持林还只是马头金刚神山半山处的一块空地。法王如意宝亲自来到马头金刚神山山脚，为这块宝地做了加持。

慈悲的上师啊，永远是那样热切地护持着弟子的每一个善念善行！

法王如意宝曾在课堂上要求我们把自己发下的誓愿写在纸条上交给他。有人发愿终生闭关修行，有人发愿著书立说弘扬佛法。记得我当时写的是：尽己所能弘法利生。

法王看过我们的纸条很满意，他笑着说："你们要说到做到。以后就算我走了，我也会时常回过头来看你们是否在履行自己的诺言。"从那以后，我们的生活都有了各自更明确的目标，信心满满的，因为知道法王在关注我们付出的每一分努力，取得的每一点成绩。他时刻都在护持我们！

法王如意宝是真正的佛。对普通人来说，佛的境界不可思议。我们所感受到的法王的慈悲和智慧，只是佛陀无尽功德藏的沧海一粟罢了。

很多人去学院参加过法王的荼毗大典，现场见到熔铁成浆的烈火却烧不坏法王的肉团心，火焰过后出现的是金刚舍利。

一般修行人如果戒律清净，精进修行，成就了罗汉果位或菩萨果位，荼毗时可能会出现舍利，但绝不是金刚舍利。金刚舍利在佛教中只有当修行人证得佛果时才会出现。所以，法王如意宝与诸佛无二无别，这不是夸大其词，也不是方便假设。如果在修行中真诚地向法王祈祷，不要怀疑，我们一定会得到佛的加持。

有的居士虽然没有见过法王本人，但对法王的信心很大，非常想以法王为上师。后来他们向人请教能不能将法王观想为自己的上师，那人却说："你们没有得到过法王的传法、灌顶，没有在法王座下听闻过佛法，所以法王不是你们的上师。你们现在可以在我这里求灌顶，这样我们可以确定上师与弟子的关系。"听说这件事后，我非常难过。

没有见过面就不能作为上师，这显然是说不通的。在佛教历史上，修行者依靠早已离世的前辈大德的精神指引和加持，而证悟本性的例子很多。像大圆满祖师吉美林巴尊者与全知法王无垢光尊者生活的年代相差几百年，然而凭借对无垢光尊者的不共信心，吉美林巴尊者修法时一直向无垢光尊者祈祷，最终在上师的加持下，成就了与上师无别的佛果，被宁玛巴弟子尊为继无垢光尊者之后的又一位大圆满祖师。

另外一个例子是法王如意宝与全知麦彭仁波切。法王出生前，麦彭仁波切就已经示现圆寂了，但法王对这位前辈有着坚定的信心，十几岁时在圆满念诵麦彭仁波切所著《直指心性》一万遍和麦彭仁波切祈祷文一百万遍后，证悟了无上大圆满。

所以上师与弟子之间关键的是心灵相契。无伪的信心可以穿越时间空间，而成就者的加持原本就无所不在。

现在的佛教徒大概没有谁见过释迦牟尼佛本人。如果没有见过就不是上师，那么释迦牟尼佛就不是我们的上师，我们也不能自称释家弟子了，这不是很矛盾么？

任何人只要对法王如意宝有真实的信心，都可以把法王如意宝观想为自己的上师。

| 第二章 |

无尽藏

法王如意宝用他的言传身教告诉我们：只要不舍内心的善良，我们每个人的一生都可以是个无尽藏。

法王如意宝的一生是个无尽藏，凡与他结缘的人都得了他的好处。

上师的学养和证悟境界，我不敢也无力蠡测，然而追随上师二十年，对他老人家为人处世的方正圆融，我还是颇为了解的。毫不夸张地说，在法王如意宝身上，光是做人一项，就够我学一辈子。

初到五明佛学院，我是抱着参见法王的目的来的，没想到能留下在学院常住，因为我当时总共只有四十五块钱。法王一眼看到我心里去，知道我的愿望和难处，话没多说就主动留我在学院住下，而且马上让人拿来被褥、食物和必要的生活用具，由他的妹妹阿里美珠空行母和外甥女门措空行母亲自送到他为我准备的小屋里。

那时法王自己的生活条件并不宽裕，但只要别人有困难，他往往不等人开口就把忙帮到，仿佛一切都是理所当然。像我这样的穷学生，跟在法王身边得到的不仅是佛法的利益，还有他的情意和物资及金钱上的帮助。

他成天忙于传法、讲学，而周围的人、身边那么多弟子，每个人生活上的小事他却都看在眼里，记在心里。然后，似乎完全不经意地帮你把问题解决掉。

一件事如果应该去做，法王如意宝便顾自做去，人前人后从来没有说过任何一个人不好。

1985年，法王倡导当地寺庙进行整顿，纠正违戒行为，清净僧团风气。这次行动得到众多寺庙的响应与拥护，但也不可避免地触犯到一些人的利益，引起他们的不满和攻击，随之而来的纷争困扰前后持续了十年。

这期间法王没有抱怨、批评过任何人，也没有同任何人争论、辩解，只是坚定地做理所当为之事。只有一次，他淡淡地说："如果以僧团现在的状况，我们放任自流的话，藏地佛教将前途暗淡，岌岌可危。为了佛法继续弘扬，我就是献出自己的生命也不会退却，何况只是面对一些无谓的诽谤。"

在我的印象中，法王待人极其柔和，无论对谁都彬彬有礼。他喜欢开玩笑，但即便他揶揄打趣你时，你依然能感觉到他对你的尊重。那不只是礼节上的周到，而是发自内心的不伤人、不伤物的一种悲悯情怀。

在法王面前，无论怎样卑微的人也会觉得自己的可贵，无论怎样失意的人也会觉得脚下原没有绝路。我想所谓人间庄严，便是这样吧。

法王凡事心里明白，知道他人的过错，但凡不严重、能带过的，都不会说破。人人都有羞耻心。他是什么都能包容的。有时对弟子旁敲侧击一下，过后他都似乎会于心不忍，恐怕话说重了伤到人心，总要格外慈爱地安抚一番。

虽然法王无比宽厚，但学院规模大、人员多，管理不严格无以维护僧团正常的闻思修行活动。偶尔有人违反戒律，受处罚甚至不得不离开学院时，都是由管家负责处理。弟子因为破戒而离开学院是法王最不愿意看到的事，每当有这种情况发生，他的眼泪就干不了。管家向他汇报处理结果，只要说得稍微具体一点，他就连忙制止道："不要告诉我，不要告诉我！"他实在是不忍心知道更多。

法王如意宝上课时，学生们是不分座次的，先到的坐前面，地位再高的活佛，来晚了照样只能往后坐。这种自由平等的作风常让来学院访问、旁听的人诧异，而法王做人一贯如此，无论贵贱贤愚都一视同仁。若一定要说有差别，倒是他对贫弱者会更优待袒护些。

他九岁丧父，从小饱受欺凌、饥寒之苦，所以他非常了解无所依怙的人心里的不安和愁苦。小时候，有一次他被其他孩子欺负殴打后，在大雨中哭着跑回家，全身都淋透了。那天晚上，他裹着一身湿衣服，冻得发抖，哀伤地想起慈爱的父亲这么早就离开了，觉得这世间真是太痛苦了！他带着满腹委屈迷迷糊糊地睡去，半梦半醒之间却看见金光灿灿的莲师笑着来到他面前说："不要悲伤，也不要厌恶这个世间，你长大后会帮助很多人，使他们得到真正的利益。"法王醒来时，他的哀怨消失了。

幼年失怙的悲戚经历反而让他的内心更加宽厚仁慈，更加渴望给他人保护和帮助。他把自己当成一座无所不有的宝库，别人需要什么尽管拿去，取之不竭，用之不尽。做人就做到这样有气势！

法王如意宝说学佛应该先学做人。人品是修行的基础，没有基础，修行便像在空中盖楼，不牢靠。

无著菩萨摄受弟子前只考查一条，就是看来者的人品是不是好。人品好，业障再重也收于门下；人品不好的，一律让回去先学会做人再来求佛法。

世间对于好人的评判标准有很多。藏王松赞干布曾颁布过十六条在家道德规范。这些规范在藏地深入人心，一千多年来一直是藏族人行为的准则。在藏族人的传统里，好人的根本归结起来就是一点：心地善良。

善良可以说是学佛者最核心的人格。

现在社会上的人都希望自己聪明、能干、果断、有权势、富有、洒脱，却并没有很多人希望自己善良，因为善良的人都心软，心太软则容易受伤害。的确，没人愿意受苦、受伤害，但放眼看看周围，我们会发现就算用铁石心肠把自己武装保护起来，也照样免不了痛苦的侵袭。所以，佛教的修行者选择开放，把一颗柔软的心完全向外界开放，春日春风也好，风刀霜剑也无妨。

朗日塘巴尊者在《修心八颂》中唱道："我要把成功、喜悦、幸福送给你，把悲伤、损失留给我自己。"只要对方快乐，善良的人往往会主动去承受伤痛、失败，总是那样一派天真和忠厚地替别人打算。

善良之心是一切世出世间功德的源头。

从前噶当派的善知识见面问好，总是互相问："你心里善良吗？"早上见面，问："昨夜在梦里你善良了吗？"告别时说："希望你保持善良之心！"有一次，阿底峡尊者手疼，他把手放到弟子仲敦巴的怀里说："请你给我加持一下这只手吧，你有一颗善良的心。"

善良的人没有伤害心，他总会尽力避免给其他众生造成痛苦。所谓不伤人，不伤物，往宽泛里讲，是不给其他众生制造困惑、烦恼。一句话，如果会让他人心生烦恼，宁肯不说；一个行为，如果会让他人陷入困惑，宁肯不做。

当然这世上好心办坏事的情况也时常发生。做任何事之前都应善加考虑，如果从善意出发尽心尽力去做了，结果还是不尽如人意，这份善心依然会积累福报。

善良是对所有众生怀一颗慈悲之心，希望他们离苦得乐。

别人做善事，则衷心称赞随喜。看见别人做坏事、走霉运、受苦，绝不会袖手旁观、幸灾乐祸，而是尽力去阻止、去帮忙，并真心希望情况好起来。

仲敦巴的同门师兄弟布多巴一生从来没有对任何众生起过嗔恨伤害之心。他逢人便说:"希望你一切都好。"

善良之人不会一边伤害旁生一边讲人间友爱,因为他的仁爱之心是平等针对一切众生的。

我总记得,法王如意宝只要看见有动物受苦或者被杀害,都会难过得流泪,都会尽全力去解救。受到法王的影响,他老人家的弟子无论走到哪里都热心于放生,把自由、安乐与无畏带给被解救的众生,把慈悲、温暖与信心送给参与放生的人。

善良和正直总是相提并论。善良的人不一定聪明能干,但肯定正直。他们也许看上去有点笨拙,不会讨巧卖乖,可是他们心口如一,当面背后都一样恭敬上师、道友,从不违背上师的教言。

世出世间,唯有善良的心地里能开出安乐的花朵。

宗喀巴大师说过:"心地善良的人今生来世都会过得安乐。"善良的人如果坚定而稳重,一旦开始修行,解脱便不远了。

法王如意宝用他的言传身教告诉我们:只要不舍内心的善良,我们每个人的一生都可以是个无尽藏。

| 第三章 |

母亲

合家团圆从来不是我们心目中幸福的体现，我们最大的幸福是解脱，所以只要一家人都走在通向解脱的路上就满足了。

我十四岁离家求学，从此没有与家人生活在一起。

母亲含辛茹苦把我们兄妹四人拉扯大。1995 年，她和我的姐姐，以及姐姐的两个女儿在五明佛学院剃度出家。虽然同在学院，我们见面的机会却少之又少。学院纪律严明，僧尼分住不同区域，不得互相串门走动，有事大家都到公共区域来说。后来安装了电话，一般事情在电话里就能说清楚，更没有必要见面。

母亲性情沉静，少言寡语，向来不喜欢到处走动。有时间她倒更愿意坐在家里念经咒。姐姐和外甥女们平时忙于听法、做功课，除非我这边有东西交给她们，需要她们跑一趟公共区域来取，否则她们不会轻易给我打电话，就是见我，也是和学院其他人一样偶尔在经堂等处见一面。

尽管如此，我们一家人的感情还是很深的。藏族人在某些方面热烈奔放，家庭成员之间在感情的表达上却非常含蓄。虽然彼此在心里信任、支持，言语上却不会有多少表示。

合家团圆从来不是我们心目中幸福的体现，我们最大的幸福是解脱，所以只要一家人都走在通向解脱的路上就满足了。

母亲患有严重的关节炎，一到冬天为寒冷潮湿所迫几乎无法走路。在条件比较艰苦的学院，她生活上的不便可想而知。虽然我常劝她去其他地方过冬，她却执拗着不肯离开学院。在高原上生活了一辈子，她喜欢、习惯这里稀薄冰凉的空气、辽阔澄清的蓝天和简单的人际关系。她非常讲究礼数，在意其他人的感受，总要把身边的每一个人都照顾到了才安心。这种脾气到了人多嘴杂、个人空间狭小的地方，的确是很受累。所以如果她冬天坚持留在冰天雪地的藏地，我也不会勉强她改变主意。

今年，我把母亲、姐姐等人接到扎西持林，这使我们一家有了难得的一次团聚。

晴暖的日子里，我们会在附近的温泉边生火煮茶，一边享受阳光一边聊天，谈起以前家里的各种事情和故去或健在的亲朋好友。这种时候，我好像又回到童年。

那时我们总是搬家，有时住山上，有时住容擦河边。无论走到哪里，我都在不断制造麻烦。前几天在扎西持林养老院讲课时，坐在下面听法的人，但凡是从错阿乡来的且和我年龄相差不大的，一问之下，没有一个当年没吃过我的拳头或让我吃过拳头的。即便是那些年纪比我大许多，我这个顽童根本招惹不上也招惹不起的人，也大多数被我的恶作剧耍弄过。

我从小是闯祸专家，母亲为此生了不少气。她最惯常做的就是等我回家，一把揪住我的耳朵打屁股。我一边求饶，一边虚张声势地号叫，七扭八扭就挣脱了母亲，一溜烟跑掉了。

家里四个孩子中，我是最不让人省心的。母亲很少带我出去串门，因为怕我调皮闯祸丢她的脸。如果亲戚们来家里做客，母亲总要在招呼客人的同时留一只眼睛在我身上，生怕一下没看牢，我又做出什么令她难堪的事。

想来当年母亲真是被我折腾得够呛！我后来长年在外求学，不再像小时候成天给她添堵，却让她流了不知多少思念和牵挂的眼泪。

母亲不善言谈，她所有的情感都盛在她碧清的大眼睛和羞涩的笑容里。直到现在，她一笑起来还像小姑娘似的羞怯。一双妙目却是浑浊多了。贫穷、劳累、家庭、儿女，让曾经美丽轻灵的少女变成如今老态龙钟的模样。

人到暮年，很脆弱也很关键，因为这时距离来世那样近。牛羊生下来几天就能自己走路，独立生活，而人不同，从呱呱坠地到长大成人，十几年里全靠父母养育。等我们有能力在生活中独当一面的时候，父母亲大都垂垂老矣，有的竟自撒手而去。

我感激母亲，不仅因为她给了我生命，抚养我长大，而且她平安地活到现在，使我这个做儿子的有机会照顾她晚年的生活，让她衣食无忧，安心修行。

很多人却没有我这样幸运。曾有一位年轻的喇嘛与道友相约一起去印度学习佛法。两人手头所有钱财加起来不足一千元，于是他们决定走到印度去。临行前，这位喇嘛的母亲病倒了，他只好留在家乡等母亲康复后再出发。没想到，这一等就是十四年。

十四年后，患病的母亲去世，他才踏上去印度金刚座的朝圣之旅。在菩提迦耶佛陀成道的大菩提树下，他完成了十万个大礼拜。在他众多的祈愿中，有一个是请求佛菩萨保佑他在家乡的八十四岁的老父亲在他离家到印度学习的三年里，平安健康，好好活着看到他回家。

"在这古老而神圣的地方，我的心却时常惆怅；只因爹娘不在身旁，回吧回吧，回家乡。"

从另一个角度说，他又是幸运的，让我非常羡慕。藏族很多人都发愿有生之年能到印度金刚座去朝拜，但最终完成心愿的却不多。像他这样不仅亲眼见到金刚座、亲手触摸菩提树，而且还在曾经为佛陀遮阴蔽日的同一片树荫下圆满完成十万大礼拜的人，是真正有大福报的人！他已去世的母亲、尚在世的父亲、挥泪为他送行的全村人，以及所有随喜他、帮助过他的人，都将因他的善行而获得利益。

作为一个比较开明的佛教徒，我并不排斥其他的价值观和信仰体系。如果条件允许，我愿意增加对它们的了解，但我四十几年的人生经历和发生在我周围的人身上的故事，都让我确信：释迦牟尼佛宣讲的妙法能带给人们今生的安乐和来世的解脱。

释迦牟尼佛的生母摩耶夫人死后转生到忉利天，那里仙山云海，极尽美好，人寿长久，受用丰足。世间孝子希望父母享用的一切，那里无不具足。

释迦牟尼佛成道后，特意升到忉利天，为母亲和那里的天人演说解脱轮回的法门，因为天界再好终不离轮回，轮回即无明，无明便有痛苦。让母亲从此摆脱痛苦，唯一的方法就是帮助她解脱轮回，这也是报答母恩最好的方式。

有人认为释迦牟尼佛是从一介凡夫通过修行而最终彻底觉悟的。也有些人认为他其实早已成佛，只是待到机缘成熟，在公元前6世纪降生人间，为众生示现如何通过系统而有效的修行获得觉悟，并帮助众生走向解脱。

我们持第二种观点，认为佛陀的一生就是为了启发我们，供我们学习、模仿而进行的演示。尽管我们还没有像佛陀那样彻底觉悟，但仍然可以帮助父母、家人了解解脱之道，尽己所能为他们的修行创造助缘。

人与人之间的缘分，对于大乘修行人，无论善缘恶缘，到眼跟前都是同证菩提的缘！

| 第四章 |

人人是我师

　　我相信我身边的很多喇嘛、居士、弟子都是佛菩萨的化身，
他们慈悲地示现人间，来帮助我完成我的修行和心愿。

　　那天清早睡醒，感觉窗外的晨光异常明亮，起来一看，果然
是下雪了。

　　扎西持林今年冬天少雨雪，我还暗自惋惜。有一位弟子专程
上山想拍一些雪景影像，谁知却一直连雪的影子也没见到。

　　聪达端着一盆烧好的木炭进来，准备把屋里隔夜的火盆暖
上。他仿佛知道我心事一般，连连欢喜地说："下雪了！"

　　聪达是个勤快人，眼里手里总是有活儿。不论多冷的天都是
一大早就起身，院里院外地忙碌。这不天刚亮，他已经把劈好的
柴火送到每间住了人的屋子门口。

　　聪达和我从小就认识。我在札熙寺学习时，他还只是个不到
十岁的小不点儿，机灵可爱，每天夹在一群大孩子中间尖着小嗓

子有模有样地唱经，下了课他总是第一个冲出去，迫不及待地玩耍。他不是那种老实听话的小孩，但很细心，似乎天生就懂得如何照顾别人。屋子里稍显凌乱的话，他若看见，就会情不自禁地在蹦蹦跳跳间给收拾干净了。有时我都怀疑他自己并没意识到是在归整房间，那不过是他游戏的一种方式而已。

我们十几岁同在根容堪布那里学习，后来又一起到了喇荣五明佛学院。很多年里，他一直是我真诚而慷慨的学友，在物质上帮助我，在学业上相互鼓励。我年长他几岁，又比较善于学习，他于是把我当成课外辅导员，闻思中遇到疑难总来问我，渐渐地我真成了他的老师。说实话，直到现在我仍然觉得在很多方面不是我教他，而是我该向他学。

每次回到扎西持林，看到这里井然有序且不断发展，我都由衷地感激帮助我料理各项事务的聪达、丹增尼玛和达森。没有他们的辛勤劳作和无私奉献，扎西持林不会是今天的模样。

聪达和丹增尼玛都是难得稀有的修行人，近十几年来，为了扎西持林他们几乎倾尽全力，我常暗自叹息，恐怕千头万绪的杂务耽误了他们修行。然而，他们用行动打消了我的顾虑。白天忙里忙外，没有大段时间修行，念珠却是从不离手，心咒念得绵绵密密，流水不断，晚上则经常是通宵达旦用功。丹增尼玛从 2004 年至今已经圆满念诵了一亿遍本尊心咒，前段日子，他高兴地对我说，希望能再念一亿遍。为了实现这个愿望，他要求自己每天都念十万遍心咒。

他的精进鼓舞着周围的人，包括我。当我在修行中有所懈怠时，丹增尼玛都会是策励我发奋的榜样。

聪达和丹增尼玛告诉我，等扎西持林建设好了，他们就去闭关，把全部时间都用来修行。

我不知道自己是怎样修来的福报，能结识他们这样忠厚的好人，并得到他们的信任和帮助。

扎西持林养老院建成后，附近很多孤寡老人住进这里。聪达、丹增尼玛和达森堪布又添了一项工作：照顾老人的生活起居。

每次聪达他们开车去县城，总要帮老人们买回许多东西，吃的用的一应俱全。达森堪布除了教育培养年轻喇嘛外，现在每天还为聚集在养老院的居士讲课，带领他们守八关斋戒、修五加行。有的老人已经七八十岁了，仍然拖着行动不便的身体坚持磕大头、修加行，着实令人感动、钦佩！

每天天不亮，达森堪布便带着年轻喇嘛们开始供水、供灯、诵经。等一般人起床时，他们已经把早课做完了。

扎西持林的水源与经堂间颇有一段距离，小喇嘛需要来回汲水才能把每天要供的几百只水碗盛满。像现在这样天寒地冻的日子里，取水是一件苦差，而小喇嘛每天都做得欢欢喜喜、尽心尽力。

以前他们起得还要早些，年轻人贪睡，达森堪布常常是披星戴月挨个敲开他们的房门，把他们从香甜的梦中唤醒。后来我建议大家早上多睡一会儿，有几个年纪小点儿的仍然需要堪布叫早。

我有时也去经堂和他们一起做早课。我的加入总会令他们兴奋不已。比起同龄人，他们要稳重、矜持得多，但长明灯的光影中那一张张纯净年轻的脸上掩盖不住的羞涩笑容，我能读懂。我小时候也是这样，在上师面前总是莫名兴奋，很想把自己最好的一面表现出来让上师欢喜，却又羞怯得手足无措，就只好笑了。

扎西持林这些年轻人大都出身贫寒，从小尝过生活的艰辛，也就格外珍惜如今学习的机会。他们的憧憬和梦想，他们的快乐、热情和对生活的知足感恩，都曾经在我年轻的心中充盈激荡过，我理解他们。

看见那一群朝气蓬勃的身影，我不由得钦佩和感动。是他们时时在提醒我，用勤奋和天真的热情去拥抱每一天，毫不吝惜地去表达自己对生活、对一切生命的感激。

小喇嘛真正的老师是达森堪布。但凡到过扎西持林的人，都会感叹这里的小喇嘛多么清净庄严。那一派细致温和、谦卑又贵重的气度皆来自达森堪布的熏陶教导。我无法想象，如果没有达森堪布，这些年轻人会长成什么样。

炉膛里的树枝烧得噼啪作响，愈发衬出外面世界的寂静。雪花纷纷扬扬无声飘落。扎西持林的冬天本很少见到来访的汉族居士，严寒是个不小的考验。今年这里不仅来了汉族客人，而且他们修行起来比一般藏族人更精进、热情。

有两位虔诚的汉族居士发愿在农历新年第一天，用磕大头的方式向诸佛菩萨行法供养。他们的诚心一定感动了天人，到这一天，天界的鲜花撒下来了，落到人间化成漫山遍野晶莹的雪花。一片白茫茫中，我看见两个磕大头的身影，一前一后绕山而行，我的眼泪涌上来。论精进，我差他们太远。

说起做人的慷慨宽厚，很多弟子的表现也让我自叹弗如。有一位弟子出生在贫穷的农村家庭，六岁时母亲就去世了。父亲怕孩子们受委屈，没有再娶，含辛茹苦独力抚养几个儿女。这位弟子是家里的老么，母亲过早离世使他的内心比一般人更加忧伤和不安。少人疼爱的他就这样在孤独中慢慢长大，尝尽生活的艰辛和人情的冷暖。

我刚认识他时，他三十几岁。凭第一印象，我以为他是享受荫下之福，从来一帆风顺，怎么也想不到一个从小失落母爱、经历如此坎坷的人会那样豁达厚道，待人一团欢喜热情。

有一次他不慎把手包遗失在外面，包里有几万元现金、刚办下来的美国签证和一些重要证件。第二天有人在路边捡到他的手包，现金没有了，其他物品还在。这位好心人便按包里名片上的电话找到他的朋友，而后找到他。他喜出望外，非赠送人家几万元不能表达他的谢意。

后来跟我提起这件事，他说捡到别人遗失的物品，即使不起贪心想据为己有，一般人也不会费那个精神几经辗转寻找失主。事不关己，置之不理，也是无可厚非的，所以当那位好心人找到他时，他特别感动。他也很感激第一个捡到包的人，虽然那人把钱拿走了，但证件等丝毫未动，说明他并不是存心害人。

这位弟子就是这样，无论什么情况下都在念别人的好。也许从小没有得到过多少关爱，人家一点点好意他就珍惜、感激，念念不忘。

很多人喜欢放大别人的缺点、过失，总觉得自己受到不公平的待遇，也有一些人，就像这位居士，善于放大别人的优点、恩德，仿佛他一辈子活在蜜罐里，甜美得连自己都感觉受之有愧，总想把幸福分出去。去年四川地震，他悄悄捐了很多钱，若不是我问，恐怕除了他自己谁也不会知道他的善举。

我相信我身边的很多喇嘛、居士、弟子都是佛菩萨的化身，他们慈悲地示现人间，来帮助我完成我的修行和心愿。

堪布出生的故乡

第五部

生命的依怙

真正化解痛苦与危机的方法就是断除损害众生的恶业，行持自利利他的善业。作为佛弟子，不论能力大小，都可以做利益有情的事业，这其中最直接的方式就是放生。

真正化解痛苦与危机的方法就是断除损害众生的恶业，行持自利利他的善业。作为佛弟子，不论能力大小，都可以做利益有情的事业，这其中最直接的方式就是放生。

回忆上师

教我认识无常的上师们，现在大都与我无常相隔，我只能在记忆中找寻他们的音容笑貌。

最近一段日子，我一边调理身体一边重温、整理自己收藏的法王如意宝讲课的录音。很多都是年代久远的磁带，有的已经二十多年了。

录音机里传来法王如意宝的声音，他的慈悲、博学、幽默、自在，他的一切，像一股活泼的温泉水充盈、温暖着我的心。

依止法王如意宝二十多个春秋，一幕幕往事如在眼前。我是那么渴望亲近法王如意宝，但是每一次真正到他老人家跟前，我却紧张得手足无措，连头也不敢抬。我常想，如果我当年不是那么拘谨，也许能在更多世出世间的问题上得到法王如意宝的指教。不过，也没有什么可遗憾的，真诚的恭敬心使我得到了法王

凝视恩师法王如意宝晋美彭措

如意宝全部的加持，与诸佛无二无别的加持。对一个修行人来说，这就够了。

今天早晨我听到的录音是 1988 年 12 月 25 日法王如意宝朝拜桑耶寺，触景生情忆起前世而唱出的一段歌：

美丽的邬金刹土，空行环绕的坛城中央，
端坐着我的上师，
我生生世世心之所向。
此刻铜色吉祥山上有福的众生，
正听您唱美妙的解脱之歌啊，
无福的我却只能留在这末法世界
独自悲伤。
当年就在这桑耶寺的二楼，
您开金口传授通向解脱的法门。
您的弟子降魔金刚何等英武荣光，
全不似我这风烛残年的狼狈模样。
慈悲的莲师啊，
您必不忍心舍弃我吧，
没有您我还有谁可指望？
现在的桑耶已换了格局，
而我依然记得您当时法座的位置。
在这曾留下您笑容的地方，
我的回忆充满忧伤。

齐聚于此的君臣弟子，

及如繁星的持明大众，

唯有智慧佛母和我降魔金刚

最在您的心尖上。

唉！

谁承想我会沦落至此，

求您眷顾莫离莫弃

我这无福无能的儿郎。

众生无边誓愿度，

是我曾在您面前许下的诺言。

再苦再难我也不会退缩，

请您原谅我刚才的抱怨。

从今往后，

我将披上文殊勇士的铠甲，

弘法利生，

圆满莲师您的心愿。

有缘众生皆往您的刹土，

共受莲师不共法门的无上甘露。

求您加持我奋勇向前。

　　这首短歌，法王如意宝是带着泪唱完的，中间几处哽咽，泣
不成声，录音机里只听见旁边弟子的唏嘘声。

　　我的双眼不知何时也被泪水模糊了。法王如意宝每当讲起自

己的上师，回忆与上师在一起的时光，总是这样动情。我们这些弟子，没有一次不跟着他老人家哭的。

在法王如意宝为救度有情而慈悲应化的无数次转世中，他示现了各种不同形象。对此，他很少宣说，只有提到上师功德时，他才偶尔透露自己前世的情况。

法王如意宝对麦彭仁波切具有不共的信心。虽然两位圣者生活的年代没有重叠，他们的前世却有着亲近的因缘。众所周知，麦彭仁波切是文殊菩萨的化身。

1997年，法王如意宝到桂林治病，回忆起自己前世曾为善财童子，遵从文殊菩萨的教诲，参拜了一百一十几位善知识，其中就来到安乐源即现在的桂林参拜过，而当时拜见善知识的地点正是这次治病的临时住所所在地。后来，无著菩萨在鸡足山苦行时，法王的前世大悲铠甲又曾与文殊菩萨化现的智慧铠甲一同前往拜见无著菩萨。

法王如意宝转生为格萨尔王的大臣丹增叶吾布美时，他的父亲丹玛正是麦彭仁波切的前世。丹玛是印度八十位大成就者之一萨绕哈的转世，是格萨尔王最得力的助手，声名地位仅次于格萨尔王本人。

通过法王如意宝的回忆，我们知道：**每一段清净无染的师徒传承都源于殊胜无比的累世因缘。**

法王如意宝在我们面前提到最多的是他的根本上师托嘎如意宝。他常说在江玛佛学院依止托嘎如意宝的六年，即从18岁到24岁，是他一生中最快乐的日子。托嘎如意宝圆寂后，他不得不返回家乡色达，从此对上师无尽的思念便一直陪伴他忙碌的传法生涯。

如今，我的上师们也都逐渐离我而去了，我只能在记忆中找寻他们的音容笑貌。

我的第一位上师是才旺晋美堪布，我的名字便是他给取的。小时候我很调皮，成天不着家在外玩耍，不断给家里人制造麻烦。四里八乡的都知道我有多"能耐"。可是有那么一天我突然不想再"野"了，便找到家乡有名的才旺晋美堪布，求他教我读书认字。

世俗的技能学问我没兴趣，只对学习佛法充满热情。如果说我也算个有点善根的孩子的话，那么要感谢才旺晋美堪布在艰难环境中的呵护引导，我那小小的善根才得以生长发芽。十几年后，同样是在才旺晋美堪布的教导下，我初步了解到大圆满法。

我在哥宁活佛座下学习佛法的时候，据活佛说我与他有着宿世亲近的因缘，所以我才会在十四岁那年不顾一切地去札熙寺找他。哥宁活佛像对待亲生儿子一样对我，使我这个没有父亲的孩子也享受到温暖深厚的父爱。他教我佛法，供我衣食，带我上山挖草药，让我靠在他身边打盹。我总忘不了冬天火炉旁，我坐在他脚边，听他不停地吟唱经文，大茶的香味弥漫整个房间。然而，这样温馨的日子只维持了不到两年。哥宁活佛圆寂后，我失去了佛法修行的导师和生活的保障，十六岁的我不得不离开札熙寺四处游学。

在甘孜扎阔，我依止根容堪布，听受了《普贤上师言教》和

《入行论》。我是所有学生当中最穷的一个，没有一件像样的衣服，也吃不上一顿饱饭，可是我依然很快乐。根容堪布常常从自己并不宽裕的供给中省出一些给我。他知道我除学法外其他的事都不上心，便嘱咐同学们多关照我，为大家烧水煮茶之类的杂活，我没做好也别怪我。

一年后根容堪布授课结束，我又启程去佐钦熙日森，在众多大善知识座下听闻佛法。那一时期，我的健康状况由于长期营养不良和用功过度而急剧恶化。若不是特诺堪布慈悲地为我治疗，贫病交迫的我险些死在异乡。生活上，贝玛才旺堪布也给了我很多的照顾和指点。正是由于他的推荐，我才见到根本上师法王如意宝，从此我这个漂泊的人在喇荣有了一个家。

法王如意宝是我一切慈悲、智慧的源泉。我庆幸自己从二十一岁到四十二岁这段人生最年富力强的时光，是在法王身边度过的。在法王的悉心教导下，我逐步走向成熟。

此时此刻，我更能真切地感受到自己少许的出离心、菩提心，一分一秒的善念善行全部来自法王的加持。只要一想到他老人家，我的眼里便充满了温柔而忧伤的泪水。

法王如意宝的宽广深厚令每一个见到他的人都心生敬畏。他老人家总把手放在我头上，一边长久地、轻柔地抚摸，一边跟我开玩笑。他知道我心里有多么诚惶诚恐，所以用这种亲昵柔和的方式安慰鼓励我。每次法王摸我的头，都能让我高兴好几天。那时别说这样与上师亲近了，就连梦见一次法王如意宝也会连续几天高兴不已。如今没有人再摸着我的头打趣了，我也只能在梦里见到法王如意宝。

教我认识无常的上师们，现在大都与我无常相隔。

虽然我是个凡夫，想不起前世的事情，但这一生我有幸遇到的每一位上师，他们的恩德，我都铭记在心。

我深深地感激和思念着他们！

希阿荣博

2008 年 8 月口述

弟子记录整理

| 第二章 |

嘱托

2009 年 7 月，希阿荣博堪布率众弟子重访札熙寺旧址，这是堪布自 1998 年寺庙搬迁以来第一次故地重游。岁月如水流逝，往事如在眼前。堪布感慨良多，写下此文。

一

藏地的七月，气候宜人，正是远足的好时节，道路两旁、草甸上随处可见兴致勃勃、结伴出游的人。

便是在这样的季节，一个晴好的日子里，我们重访札熙寺旧址。说故地重游，其实只是对我和少数几个人而言，同行大多数人都是第一次去那里。

沿途路面坑洼不平，我们走走停停，行进缓慢。这样也好，日头正高，风日正好，放慢脚步，放松心情。这条路，从容擦村到老札熙寺，我走过无数次，但从来没有像这次，有这么多人同行。

第一次离开家去札熙寺拜见哥宁活佛，是在三十三年前，崎岖的山路上只有我和一位回寺庙去的老喇嘛。母亲特意向邻居借了一匹马给我骑。我不知道她这样做是因为心疼我，怕我走路太辛苦，还是想让我快点到达目的地，或者，她只是以这种方式表达一位母亲对远行的儿子的祝福吧。我那时不懂得体念母亲的心意，光顾高兴了。一路上同老喇嘛说说笑笑，别人快马加鞭几小时能走完的路，我们俩溜溜达达，且行且玩，从日出走到日落。

对我来说，这次去札熙寺，机会来之不易。我向母亲请求了两年，她终于同意我去拜见哥宁活佛。我们家族与札熙寺没有太大渊源，祖上都是以格鲁派的寺庙为供养敬事的福田。那些年，全村人、全乡人都忙着放牧、砍树、开会、学习，我们有很久很久没去过任何寺庙。像我这一辈的孩子，不要说经书、佛像、僧侣、活佛，连见过念珠、转经筒的都不多。

十二岁的我，偶然听人说起哥宁活佛，便生出强烈的愿望，矢志不渝地要去拜见他，这的确有些不寻常。我后来想，这主要还是因为藏人有福报吧：就算生在佛法衰微的年代，不闻三宝之声，等长大了，没有人教，还是知道要去找寻佛法。

沿川藏公路北行，过新札熙寺三四公里，路西出现一片空阔的谷地，一条河由山谷深处奔流而出。1790 年，大圆满修行者晋美才旺却珠仁波切便在这依山傍水之处，修建起最初的札熙寺，迎请四方学者、成就者来此讲经弘法、闭关修行。1862 年前后，寺庙由于战乱整体搬迁，只留下一堵土墙供后人去瞻仰，去想象寺庙初建时的景况和第一代札熙寺人的生活。

在寺庙发源的地方，大家决定支起帐篷，驻留一天。

这次与我同行的有一百多人，大多数是札熙寺佛学院的僧侣。两天前，佛学院经过严格考察，选拔出了四位堪布、四位喇嘛和二十位辅导老师。对于一个成立仅六年的年轻佛学院来说，取得这样的成绩着实令人鼓舞。寺庙上下喜气洋洋，僧人们都很兴奋，甚至整个玉隆阔地区无论男女老幼都像过年一样欢喜，大家奔走相告："我们又有自己的堪布了！"

很多藏族人虽不识字，却有着一般世俗文化教育难以造就的见地和胸襟。他们懂得尊重知识，尊重有学问之人，并且真心实意地欣赏赞叹别人的成就。他们思想单纯，少欲知足，物质上只求温饱，却热爱精神修持，一生最大的愿望就是解脱，一切众生都能解脱。凡是有利于众生解脱的事都令他们雀跃欢喜。

解脱，即远离轮回的烦恼痛苦，关键在于谨慎取舍因果。取舍、因果，并不抽象。我们日常的行住坐卧、言谈举动无不是因果，无不在取舍。只是我们若无正知正见，取舍便往往颠倒过来，该取的舍，该舍的取，希求快乐却选择苦因，由此形成恶性循环，在痛苦中越陷越深。

所谓正知正见，是指能帮助我们了断痛苦烦恼的知识、见地。依这种见地，我们将调整自己对世界、人生的态度和为人处世的方式，从狭隘、僵硬、矛盾重重到宽阔、温柔、和谐圆融，从不伤害自己、他人及一切众生，到帮助、利乐一切众生，从痛苦到安乐，从轮回到解脱。

在藏地，传播这种知识和见地靠的是一代代佛教学者和修行者。正是由于他们的存在和努力，佛陀的智慧传承才得以完好保存并不断弘扬。

藏族人，无论是在高原的哪个角落居住、游牧，无论贫富贤愚，都能得到佛法的滋养、加持。所以，藏地民众是真心敬重、拥护他们的僧宝。本乡本土出了堪布、格西，一方百姓都会觉得脸上有光、荣幸备至。

这几年，我时常考虑不再介入札熙寺的运行、管理。过去，对我恩重如山的几位上师曾嘱托我：有能力时一定要帮助振兴札熙寺。我想我没有辜负上师们的期望，十几年间，尽己所能地帮助恢复了寺庙的各项制度和传统，重建大经堂及附属建筑，并创建了佛学院。虽然我对札熙寺怀有深厚的感情，无论现在还是将来都会一如既往地帮助、支持它的发展，但根据藏地传统的做法，应该由本寺的活佛和堪布对寺庙进行管理。

札熙寺在经过重建后，各方面逐步走上正轨，佛法的讲修事业日益兴盛，是让寺庙自己的活佛、住持、堪布、管家独立管理的时候了。

玉隆阔很多百姓知道我的想法后，哭着求我："请不要不管我们的寺庙！"我不知该如何让他们明白：我不是甩手不管了，人活在世间要尽忠尽义。寺庙振兴是完成了前人的嘱托，而寺庙如何持续发展下去，对同辈、对后人，我也应该有所交代。我在重建札熙寺的同时，所做的另一件事就是帮助那里的活佛、堪布树立威信并积累管理经验。我自觉身体、精力一年不如一年，他们若能把管理寺庙的重任担负起来，我也就放心了。

今年六月，札熙寺举行法会期间，我正式宣布今后寺庙及佛学院的内外事务将完全由这里的活佛、堪布管理，我不再参与，但仍会尽力帮助解决僧人们在生活上的困难和问题，好让他们安心修行。

我从小家境贫寒，靠上师和道友的接济才完成学业，深知无衣无食对在外求学的人来说是多么大的困扰。不论将来情况如何变化，我都希望札熙寺僧众不会因生活所迫而中断学业，也不必为求温饱而四处化缘。

当初札熙寺迁址，新寺庙建筑施工因资金短缺而时常中断，即使这样，我也没有开许以修庙的名义化缘。不是我恢复寺庙的愿望不强烈，札熙寺几代上师、僧众的心愿眼看就可以实现了，我心里比谁都迫切。

但寺庙存在的目的是为了护持佛法、引导众生，在如今这样的年代，即使为修庙而化缘也可能引起人们的猜疑甚至诽谤，这对佛法、对众生都是不利的。作为佛陀的弟子，我们在任何时候都不能忘记护持佛法、护持众生。

一座寺庙，哪怕有再多的金顶、再华丽的经堂，如果没有佛法的闻思修行，没有戒律清净的僧侣，就不是弘法利生的庄严道场。

法会上，为了让札熙寺和佛学院依依不舍的僧人们放心，我为全体两百多位僧侣举行了金刚萨埵大圆满灌顶。这是他们第一次获得这个珍贵的大圆满灌顶。从此直至证得无上菩提，我们师徒道友将永不分离。

玉隆阔百姓的心情我也理解，对他们——我的福田，我当然不会舍离。

这让我想起索南日登喇嘛。他一生精进乐观，无欲无求，唯有对札熙寺异常"执着"。老喇嘛冒着生命危险抢救佛像的事迹，大家应该早已熟悉。困难时期，他忍饥挨饿，非到万不得已不舍得吃一口糌粑，为的是要用省下的糌粑粉去换回别人手里札熙寺流失的佛像和法器。

20世纪80年代，札熙寺修复，他比谁都欢喜，把自己舍生忘死保存下来的佛像等物品全部归还了寺庙。他多么希望能在有生之年看到札熙寺重现昔日的兴盛景象。可是直到90年代中末期，寺庙仍然很简陋萧条，湿气的严重侵扰使正常的居住都成问题。札熙寺不得不再次搬迁。

那时，索南日登喇嘛因风湿病行动不便，被我接到扎西持林居住。他人虽在扎西持林，但我知道，他的心没有一天离开过札熙寺。寺庙搬迁重建需要大量物力财力，老喇嘛跟在我身边，总想找机会替札熙寺化点缘，只是碍于我不得化缘的禁令，才不敢向人开口。

有一次，札熙寺僧众来我房间商量事情，老喇嘛也在座，离开时他随众人退到门外又单独折回来，抱着我的手痛哭："您一定要帮帮札熙寺！帮帮札熙寺！"

如今，老人家早已离世。他如果健在的话，看到札熙寺恢宏的经堂，庄严的佛学院和数以百计的学僧，不知会开心成什么样。

二

次日，我们收起帐篷，逆水而上复行十几公里，到达札熙寺第一次搬迁后的所在地。

寺庙在这里存续了一百三十六年。此处三条河水交汇，四面青山围绕，幽静秀美，远离尘嚣。人在山谷中，望天，碧空如洗，望山，层峦叠嶂。近处芳草如茵，远山绿得发蓝，青山外面雪山绵延。

风物依旧，看山看水、翻山越岭的人又回到三十三年前。同样是这条山路、这片山谷。黄昏时分，我终于到达札熙寺。荒废多年后的寺庙破败不堪，只有哥宁活佛的小屋孤独地立在一堆废墟旁。在渴望见到他而无法见面的两年里，我曾在心里反复想象过活佛的模样：或腾云驾雾、叱咤风云，或珠宝严饰、浑身放光。反正一个孩童所能憧憬的所有英雄形象，我都一一投射在哥宁活佛身上。

那天，我第一次见到仰慕已久的活佛。他坐在那里，温和地微笑着，头顶没有放光，但绝对是我所见过最俊美庄严的人物。

哥宁活佛多年来以病残的形象示人。正因为如此，他才得以在艰难动荡的年代里持续闭关修行，并一直坚守在札熙寺旁。其实那时寺庙已经没有了，经堂被毁，人员四散，但就算残垣断壁他也要坚守，也要等待，否则很多人会找不到回寺庙的路。

像我这样独自闯去拜师求学的孩子应该很少吧。哥宁活佛慷慨地收留了我，供我衣食，教我佛法。当时一些僧人聚集在札熙寺附近传讲佛法，举行法事活动。我在听受哥宁活佛教诲的同时，有幸加入他们的行列。这使我此生第一次过上了理想中在寺院闻思修行的生活。

我初见哥宁活佛那天，缘起殊胜，活佛圆满完成了一段长期的闭关修行。当日正好出关，札熙寺得知消息的几位上师都赶回寺庙举行会供。其中一位便是多吉秋炯仁波切，哥宁活佛特意请他为刚到的我进行长寿佛灌顶。

我的第一位金刚上师多吉秋炯仁波切一生的经历富有传奇色彩。他出生于新龙地区，早年不信因果，做过猎人，屠宰过牦牛。三十几岁始觉因果不虚，对自己过去的行为深生忏悔，发愿从此洗心革面、重新做人。他在嘎陀寺闻法多年，又在多吉扎等寂静处闭关修行四十余载，专修光明大圆满。

仁波切生活简单至极，除了收取少量糌粑以维持生命外，从不收受信众其他的供养。就是这一点糌粑，他也一定要等自己再没有任何东西可吃的时候才收取，所以每次恰巧能供养他糌粑的人都会成为周围信众羡慕的对象。他离群索居，常去山坡上为羊群念经说法。久而久之，人们便把经常听他讲法的那些羊称为"多吉秋炯的羊"了。

仁波切比哥宁活佛年长三十多岁，二人却相交莫逆、情谊深厚。当年正是因为折服于哥宁活佛的学识和人格魅力，仁波切才决定追随活佛守护札熙寺，弘法利生。

1979 年，哥宁活佛四十二岁英年早逝，多吉秋炯仁波切痛不欲生。他说："本以为我会走在活佛前面。这么好的人，这么年轻就走了！众生的福报太浅啊！现在我留在这个世界上已经没有太大意义了。"不久，仁波切也示现圆寂。

他一生修持光明大圆满的成就这时才向世人显露：由于法体缩小，他戴的五佛冠从头上滑落到肩部又滑落到腰间，最后仁波切比普通人都更加高大魁梧的身体缩小到一尺左右。在场的人还听到天乐，看见光团、彩虹等瑞相。法体荼毗后出现大量吉祥舍利。

上师用他一生的经历向我们宣示了无上大圆满法不可思议的功德和力量，哪怕是一介凡夫，哪怕罪孽深重，只要对密法和上师具足信心，励力忏悔，精进修持，就一定可以成就、解脱。

我到札熙寺后依然顽皮，虽然有哥宁活佛袒护，还是时不时受到寺庙管家的训斥。因为经堂被毁，法事活动只能将就在寺庙的厨房里举行，参加的人稍多一点就显得拥挤不堪。我年龄小、资历浅，凡举行活动都由我来当小却本，负责摆放、抛撒食子、供品。开法会用的长号等法器摆在地上，按理说我每次出来进去都应该绕道而行，但由于拥挤，也由于懒惰和调皮，我有时会端着盘子从上面跨过去，管家看见总要把我教训一顿。

开法会时，招福彩箭通常也由我来拿。可有几次，法会开到中途，该彩箭上场了，却怎么也找不到彩箭。原来我扛着彩箭偷跑出去玩耍，走得太远，玩得太高兴，竟把法会的事给忘了。

我一方面贪玩调皮，常做出让管家摇头的事，另一方面却又好学上进，不但闻思佛法积极，对相关活动的仪式、程序和技艺也很感兴趣。记得我初到札熙寺，看见寺里的小活佛和小扎巴聚在厨房里，有的念经，有的吹号，有的敲鼓，人人都有技艺在身，心里非常羡慕。那时我觉得自己是天底下最悲惨的人了，什么都不会。我决心努力学习，要像其他小扎巴一样，法会上十八般技艺样样精通。

赤诚嘉参堪布非常喜欢我。他出身贵族家庭，性情淡定，对世俗生活毫无兴趣。堪布一生历经坎坷，受尽不公平待遇，却永远是那样温文尔雅、谦卑柔和。据他说，多蹇的命运恰是他解脱的最大助缘，因为面对打击、折磨，他没有一天放弃过修持菩提心。

有一次，他带我去附近村里一户人家超度亡灵。亡者的尸体横在屋子中央，本来不大的房间就更加转不开身了。我仍然是负责抛撒食子，进进出出都得绕着走。后来我终于忍不住，故伎重演，趁无人注意，捧着食子从亡者身上跳了过去。赤诚嘉参堪布看见了却没有批评我，过了一会儿才把我叫到一边，指着亡者小声对我说："阿布，恭敬一点吧，他也是出家人呢。"

堪布是个快乐的人，出外传法带上我，最爱给我表演变戏法的游戏，每次都要从他的嘎物盒里"变"出一件加持品作为礼物送给我。

根本上师多吉秋炯仁波切圆寂，对堪布来说是巨大的打击。

原本体弱的他一病不起，很快也追随上师而去。

短短几年间，我的三位恩师相继离世，带着无限的遗憾离开了人间。他们没有等到札熙寺恢复的那一天。

哥宁活佛圆寂时不到四十三岁，赤诚嘉参堪布四十七岁，都是正当壮年，而我印象中他们却都是老喇嘛了。不知是因为我那时年纪太小，看谁都觉得老，还是他们的一生遭受了太多苦难和折磨，所以过早地衰老、辞世。

失去导师，失去依怙。苦难让我迅速成熟起来。直到这时我才开始明白为什么赤诚嘉参堪布每次讲到上师功德、众生痛苦等内容时，都会痛哭流涕。上师的眼泪终于流进我那颗顽劣的心里，从此我的心里也有了泪。

离开札熙寺后，我到甘孜扎阔跟随根容堪布学习《入行论》和《普贤上师言教》。堪布在札熙寺获得学位并一直致力于为寺庙培养僧才，寺庙解散后，他才到扎阔。他很器重我，对我的法恩极大。后来我去佐钦熙日森和喇荣五明佛学院继续求学，堪布则回到札熙寺，继哥宁活佛之后，承担起护持寺庙的核心重任。在根容堪布的带领下，札熙寺终于开始恢复、重建。

堪布一面主持寺庙建筑的修复，一面督促回归的僧团精进闻思，并倾尽全力为僧众修行提供助缘。在他不足十平方米的住所内，常年有五六位僧人在他的指导下共修五加行。他吃住全包，免去了修行者的后顾之忧。

我在外求学期间，每次回家乡都必回札熙寺看望上师和道友，其中最主要的就是见根容堪布。

我知道上师们在世间的停留有多么短暂，每一次见面的机会都无比珍贵。然而，分别还是来临了。

札熙寺修复工作开始不到两年，根容堪布积劳成疾，示现圆寂。临终前，他派人到五明佛学院，请我务必回去见他一面。我没有想到这么快又一位上师要离我而去。匆匆赶到上师身边，他让我握住他消瘦的手，对我说："不论你将来走到哪里，都不要忘记札熙寺，一定要尽力帮助札熙寺。"

根容堪布圆寂是在 1985 年。至此，札熙寺德高望重的老一代活佛、堪布全部圆寂了。一时间，没有人再有足够的威信把整个寺庙凝聚起来。

那时我二十三岁，正在喇荣五明佛学院跟随大恩根本上师法王如意宝学习。我从来没有忘记札熙寺的恩师们，但我既非活佛又非堪布，只是一个普通的出家人，我不知道怎样以及何时才能帮助了却他们的心愿。

年轻的我心满意足地跟随在法王如意宝身边闻思修行，无忧无虑，那是我一生最快乐的时光。我常想：我们是多么不幸，无数珍宝般的上师过早地离世，如流星划过夜空，我们只能遗憾地看那璀璨光芒隐没的痕迹。然而我们又是幸运的，至少法王如意宝留下来了。因为他老人家在，我这个四处找寻佛法的游子才停止了漂泊。

很多年后，我突然明白一个道理：哥宁活佛、根容堪布之所以把寺庙振兴的希望寄托在我身上，是因为我将遇见并依止法王如意宝，凭借法王如意宝不可思议的福德力，札熙寺将得以复兴。

法王是众生的如意宝。凭借他不可思议的福德力，雪域高原无数寺庙、经院得以复兴，无数新道场得以建立。他老人家一直关心着札熙寺，并通过我对寺庙的发展给予指导和建议。

1985年，札熙寺部分僧侣响应法王如意宝的号召，对寺庙进行整顿。

其实，为了保持僧团的清净无染，自佛陀时代开始就不断对僧团进行整顿，两千余年来一直坚持这一传统，将来也仍会继续。即使如此，这次整顿还是引发了一些纷争，拥护整顿的人备受打击。

法王如意宝曾叮嘱我：对于那些在最艰难的时刻给予我们支持的人，永远不要忘记他们的情义。

经过近十年的反复、曲折，札熙寺终于圆满完成整顿，寺内外面貌一新，处处井然有序，僧团戒律清净。人们到这时才完全体会到法王如意宝力排众议、推进整顿的良苦用心，无论是僧侣还是在家信众都对法王如意宝生起了坚定的信心。

他老人家观察到在这种情形之下，我回玉隆阔地区弘法利生的机缘已经成熟，于是命我回家乡修建道场，教化民众，利益众生，并对札熙寺的发展鼎力相助，以报答他们患难与共的一份情义。

1994年春，法王如意宝在多康地区二十几个州县弘法期间，不辞辛苦专程到札熙寺，为那里的僧侣和周边信众传讲佛法。当时法王如意宝的声望如日中天，他莅临的每一处道场都成为藏地民众虔敬顶戴之处。任何一座寺庙若能迎请到法王如意宝，都会感到无比荣耀。法王如意宝的驾临无疑是对札熙寺的重要护持。

1998 年，札熙寺因所在地地表沉陷而迁往新址。寺庙大经堂竣工时，法王如意宝特赐名"吉祥显密兴盛洲"，祝福并授记了札熙寺日后的兴盛。

佛法的弘扬不仅需要寺庙、道场这样的物质载体，更需要系统闻思、通达三藏、持戒精严的僧才。在札熙寺经堂重建的同时，我提出建立佛学院的设想，得到法王如意宝的极力赞成。他说："建设佛学院，不仅有利于札熙寺的长远发展，而且有利于培养、输送人才，弘扬佛法，普利天下。"

2003 年，札熙寺佛学院落成，法王如意宝非常欢喜，对其将来的发展寄予厚望，在郑重观察缘起后，为佛学院命名"圆满尊胜洲"。

如今，札熙寺及其佛学院的规模和影响力超过了历史上的任何时期。如果没有法王如意宝的支持，札熙寺不会有今天。如果哥宁活佛、根容堪布，还有其他的上师活到今天，他们一定会欣慰的。

今天，我又站在了老札熙寺的残垣断壁前，一如我十四岁那年。

当时还坚持屹立在废墟旁的哥宁活佛的小屋和寺庙的厨房，如今已不在了。根容堪布修复、法王如意宝讲法的经堂也不在了。多吉秋炯仁波切的木屋只剩下摇摇欲坠的框架。

上师们都已离去。老一辈人几乎走光了。我也从札熙寺最年轻的扎巴之一，变成了札熙寺的老喇嘛。

桑烟袅袅升起。圆满尊胜洲佛学院的年轻僧侣们供起了护法，祈愿违缘尽除，佛法广弘，一切众生悉得解脱。

似水流年中，一代代人老去，一代代年轻人又回来，为了同一个嘱托和心愿：护持佛法，护持众生。

希阿荣博

2009 年 9 月 9 日完成

为放生时刚刚降生的小羊羔做加持

| 第三章 |

放生问答

顶礼大慈大悲观世音菩萨！

顶礼大恩上师法王如意宝！

　　十几年前我在汉地弘法时，曾有居士向我提出有关放生的一些问题。当时的问答后来被整理成文字放到网上，但我一直没有注意这些文字，这次成利措居士促成正式出版相关文章，请求我重新看一看《放生问答》，这一看发现不少问题。由于我当时汉语表达能力有限，并且时间仓促，听众和记录者在理解上也有一点误解，种种原因，使整理过的问答录中某些内容模糊不清，没有很好地解答提出的问题。于是，我对此做了纠正、补充，并对一些问题进行了调整和删减，希望修订后的《放生问答》能更好地帮助大家澄清放生过程中遇到的疑问。

问：什么是放生？

答：放生，顾名思义，就是从屠刀下、牢笼中把动物解救出来，让它们活下去，还它们以自由。不管你是不是佛教徒，也不管你有没有宗教信仰，你都可以放生。对一位大乘佛教徒来说，因为他关注的不仅是帮助其他生命远离眼前的危险，他还希望众生能够从根本上摆脱死亡和痛苦，所以他不满足于单纯地把鱼虾放游江海、让飞鸟回归山林。他要充分利用放生的宝贵机会，通过佛教的放生仪轨，使被放的生命与佛法结上缘，在它们的相续中播下未来解脱的种子，这样，这些生命便能得到暂时和究竟的利益。

问：放生的意义是什么？

答：从被放生者的角度说，它暂时远离了死亡的恐惧和痛苦，如果是按照佛教仪轨放生，则能听闻到佛菩萨的名号、心咒、佛陀的教法，接触到甘露水甚至系解脱，并由此因缘在未来究竟解脱一切痛苦。

从放生者的角度说，我们通过如理如法的放生培养菩提心，迅速积累福德和智慧资粮。《大智度论》云："诸余罪中，杀业最重，诸功德中，放生第一。"积极放生也是在创造善知识长久住世的殊胜缘起。

问：小乘与大乘在放生方面是否有区别？

答：阿底峡尊者说过，大小乘以发心别。小乘修行人深深体会到轮回的痛苦，他最大的愿望就是从这种痛苦中摆脱出去，永断生死，入于涅槃，他所有的行为都是围绕这个目的展开。小乘修行人不是没有慈悲心，不是不关心其他生命的疾苦，只是他的慈悲心还没有深广到为了众生离苦得乐而不顾自己是否解脱的程度。大乘修行人虽然也深刻体会到轮回的痛苦，也对这轮回中的一切毫无眷恋，但是他希望一切众生究竟成佛，而不是自己独自解脱。大小乘在发心上的这种差别也反映在放生中。

问：同样的钱，我们怎么样更合理地用于放生？

答：不存在合理不合理的问题，只要是发心清净、尽己所能去放生就好。不要抱着功利的心态去上供下施，比如花两千块钱放生一头牦牛好呢，还是花同样多的钱放生一百条鱼好呢？是放这种鱼好呢还是放那种鱼好？这个真的很难说，关键看发心，要把帮助众生解脱痛苦放在第一位。其实你在这样比较权衡的时候，你关心的已经不纯粹是牦牛或鱼的福祉，你还很在意放生活动是否能在最大限度上满足你的目的，比如，完成承诺的放生数量或者获得更大的功德。放生时一味追求数量，弃大舍贵、择小选贱是不可取的。慈悲心、菩提心的首要层面是平等，如果只放个头小、价格便宜的动物而故意避开那些大的、贵的，或者只挑好存活、生命力强的动物，就不平等了，很难圆满四无量心、菩提心的修持。

总之，放生时最好不要带着拣择的心事先想好要买何品种，应当遇见什么，就买什么放生。

问：众生如恒河沙一样多，我们放生的只是其中小小的一部分，能有多大意义呢？

答：首先，哪怕只能帮助一个生命减少痛苦，我们的努力都不会白费，都有意义。解救有情的生命需要具备因缘。佛陀虽然圆满具足十力四无畏，也只能度化有因缘的众生，就像阳光虽遍照世界而盲者却看不见一样。放生也是这样，即使你富如帝释天，也不可能买下所有的生命来放生。众生无边誓愿度，重要的是我们有这个发心，然后尽自己的能力去帮助众生。

问：集体共修放生的意义？

答：集体共修放生的功德不是由所有参加的人平分，而是每人都能得到全体的功德，这在经书里是有记载的，比如大家共同放生一亿条生命，凡是参加共修的人都能得到放生一亿条生命的这份功德。这种善法本身就不可思议，若再加上如理如法地发心和回向，功德就更不可思议，一定能够让我们迅速清净业障、积累广大资粮。

问：放生时因条件所限，能否请别人替我放生？

答：如果发心清净，真心随喜，出钱请别人代为放生与自己亲自放生，功德应该是一样的，这么做也是如法的。不过，条件允许的话，最好还是尽量亲自放生，身语意三门圆满之善业具有极大的利益，所以不可轻视。

问：我们在放生活动中购买动物时，与商贩打交道应该注意什么？

答：尽量不要提前向商贩明确表示或暗示将要买生放生，这样他们就无法通知亲朋好友带上捕捞工具事先赶往放生地点，等待放生活动结束后捕杀动物。

问：母鱼肚子里的鱼子有没有生命？

答：生命的诞生需要有神识的加入。母鱼肚子里的鱼子，有些是有生命的，有些没有，但我们普通人很难辨别。放生鱼子时应该也放生了很多生命，而破坏它们可能也损害到了生命，会有很大罪过。《地藏菩萨本愿经》上记载光目女的母亲特别喜欢吃鱼子、鳖蛋之类的东西，最后堕落恶道受报。

问：怎样观察选择好的放生环境？

答：要尽量找安全的地方放生，尽量避免放生动物再度遭到捕杀。比如，不要故意把鱼类放进鱼塘、渔场，这种地方是专门养殖鱼虾供人捕杀的，我们把动物放进去，它们很快又会被捞上来送进菜场、餐馆。前几天我碰巧遇到几名美国佛教徒拎着几袋刚从市场买来的鱼准备在一家饭店大堂的水池里放生，饭店的保安马上过来阻止，我不知道美国的情况，但根据我的经验，在成都即使保安不阻止，那些鱼放进水池也很快就会被人捞上来吃掉。后来我们开车把这几位好心的外国人带到一条河边，帮助他们顺利地放生了鱼儿。

我们还应该观察物种生存的环境，比如故意将野兔置于人多的地方，水鸟放于山地，鱼儿放入被污染得无法生存的河流水域等是很不如法的。

放生的环境最好适合念诵放生仪轨。前面我们讲了，放生过程中，法布施至关重要。

问：如果动物放生以后，活不了很久，要不要放？

答：在经过细致的观察后，还是放了好。因为我们找不到一个完全不死的地方，重要的是先使它们远离死亡的怖畏，其他的事再尽量做到。此外，放生不仅是对有情的无畏布施，使他们脱离暂时的死亡恐惧与痛苦，更重要的是对有情的法布施，在他们的相续中种下解脱的种子，使他们未来一定能解脱轮回的痛苦。

问：对菜市场上一些将要被宰杀的动物，我们在无法救度的情况下施以甘露水有意义吗？

答：很好，有很大的功德，随喜这样的行为。最好在这样做的同时，为这些动物念诵佛菩萨的名号和心咒。

问：我们放生的时候经常会多照顾一些大肚子的鱼妈妈（尤其是春天），这样会不会是分别心？

答：是分别心，但是这种分别心非常有意义。对越是痛苦的众生，佛菩萨的悲心越是深切。

问：放生的动物，有些已经严重受伤，放了也未必可活，何必浪费金钱？

放生时和牧民交谈

答：有这种想法是因为没有真正平等地看待众生。如果说我们的亲人受伤、生病，我们一定不会眼睁睁看着他们受苦、等死。我们会尽全力去救他们，哪怕能延长一天生命也好。大乘佛弟子应该把对亲友的这份慈悲逐步扩展到所有众生身上。

我们的问题是没有认真把放生当作一个修行的过程，而只是把它看作一种宗教的、集体的活动，所以才会产生这样那样的疑问。如果我们真的用心去做，去修心，很多问题都不成为问题。

问：每个人都戒杀放生，将来这个世界上动物会不会太多，成为禽兽世界？

答：万物的生存各有因果业缘，共业别业各不相同，所以不会出现你说的那种情况。

问：把放生的钱拿去救济赈灾，不是比较实际吗？

答：一般的情况是要专款专用，放生的钱就用来放生，不要挪作他用。

问：劝杀生的人转行，却害了人家生计，爱畜生不爱人，似乎不合情理？

答：杀生并不是一种体面轻松的职业。如果你去过屠宰场或者市场的水产畜禽区，你一定会对那里的残酷血腥、肮脏恶臭留下深刻印象，在那里站上一会儿，你大概都会受不了。想想那些以杀生为业的人，他们可是成年累月在那种环境里生活。

他们忍受如此的折磨，实际上在不停地造恶，而造恶的果报是更惨烈的痛苦。这是一个令人痛心的恶性循环。劝人摆脱这种恶性循环，不是很好么？不做杀生的职业，对今世和来世都有很大的利益。

问：我发心放生，应该如何做？

答：可以用少量的钱随时看到需要救度的有情随时放生，也可以筹够一定金额后一次多放一些。初发心放生者，也可以参加佛教放生小组或者委托一些高僧大德放生。

问：提到放生，很多人都不屑一顾，为什么？

答：社会上的确有一些人不理解佛教徒的放生行为，也许他们还没有认识到生命之间是息息相通的，他们也低估了自己身上善的潜力。最近一次我们在唐山附近放生，参加的人很多都不是佛教徒，有些人以前从来没有放过生，他们说平时看见餐桌上的螃蟹从来不觉得可怜，但是那天看见一箱箱螃蟹被五花大绑，想起这种动物长了那么多腿却被捆绑着寸步难行，被绑着活活蒸熟，到死都动弹不得。想到这些，大家都非常难过，仔细把所有螃蟹身上的绳子都解开后再把它们放归大海。那天，我们在甲板上顶着烈日为螃蟹松绑，花了很长时间，有些人的手也划破了，但是没有人不耐烦。看见鱼蟹们终于在海水中自由遨游，大家很开心，包括第一次参加放生的人，都惊讶地发现自己内心无法抑制地生起慈悲和喜悦。所以我总认为对放生有成见的人应该亲自参加一回放生活动，再去判断放生这件事是否有意义。

也有一些佛教徒对放生没有太大热情，认为这是愚公愚婆做的事，聪明的佛教徒应该去研究空性等高级法门。其实空性慧与大悲心是无二无别的，修行人不可能在缺乏大悲心的情况下证悟空性，而放生是培养大悲心的好方法。

问：很多信众喜欢在佛菩萨诞日、吉祥日放生，这样好吗？

答：这样很好，其他时候也好，但是一定要观察自己的发心，如果是为了执着功德，就意义不大了。如果发心是为了使众生在殊胜日得到更多的利益就很好！

问：放生用的甘露丸我们需要特别注意来源是否清净吗？

答：需要注意。不是所有的甘露丸都有益。有些甘露丸可能会来源不清净，比如本身是假的甘露丸，或者真正的甘露丸在经过犯密乘戒者的手后也会成为不清净的，所以用甘露丸一定要注意。吃下不清净的甘露丸会对解脱产生障碍。放生时如果不清楚甘露丸的来源，就不喂甘露丸，念诵仪轨或用系解脱加持就可以了。

问：有的上师在带领弟子放生时将系解脱搁放在所放生命的头上加持，这样有什么意义？

答：将系解脱搁放在所放生命的头上加持十分重要。凡是系解脱接触的那些生命，很快就能解脱，这也是佛度化众生不可思议的一种方便。

问：佛既然有系解脱这样的方便，那为什么不用这种方便来度一切众生呢？

答：续部上说，只有一些有大福德特殊因缘的众生，才能遇到这样的法，不是所有众生都有此福德。

问：放生一定要按照仪轨来进行吗？

答：佛教中放生的仪轨很多且各不相同，但概括起来都不离三殊胜。行持一切善法要以三殊胜来摄持，这样行善的功德才能日日增上，直至成佛永不灭失。三殊胜指的是加行发心殊胜、正行无缘殊胜、后行回向殊胜。

具体就放生而言，为了一切众生远离苦因及苦果，并且最终证得无上正等觉、究竟成佛而放生，是加行发心殊胜。正行无缘殊胜指放生时善根不被外缘毁坏。不被外缘毁坏，必须证悟基大中观、道大手印、果大圆满。对初学者来说，要做到这一点太难了。如果放生时，将放生者、被放者以及放生的过程等本性观想为空，显现如梦如幻，能生起这样的见解，也可代表初学者的正行无缘。如果暂时做不到这样，也要在放生时尽量放下执着，心不外散。比如说，念佛号、心咒的时候，不要嘴里念，心里却在想柴米油盐、人我是非。总之，要时刻提起正念，专心向法。后行回向殊胜，就是放生结束后，将所有功德回向给六道轮回一切众生，这能使善根与日俱增，无以穷尽。

问：放生为什么要授皈依及念佛号、心咒？

答：我们放生时应该发大悲心，为被放的动物念诵皈依仪轨、佛号、心咒，希望它们以后不要堕入三恶道，并在未来值遇佛法，最终获得解脱。

问：有的动物在放生过程中死掉了，怎么办？

答：很多问题的答案都可以归结到发心上。发心对修行至关重要，它不仅决定了修行的结果，也在很大程度上影响着我们的见解和修行途径。如果我们的发心是为了众生远离痛苦并最终究竟成佛，那么我们在行善、修行中的疑问会少很多。

因为工具、因缘及种种不利因素，尽管你已经尽心尽力，有的动物还是在放生过程中死掉了，有人担心这样会造下杀业，要承受杀生的果报。因果的问题极其复杂，唯有佛陀能明了一个行为的全部因果。我们只知道，若具足杀生的四个分支，即有明确的杀生对象、有杀生意图、采取杀生的行动、造成死亡的结果，当事人将完整感受杀生的果报。大家可以根据这四条去判断一下自己的行为。

我们若是以三殊胜来摄持放生善行的话，就会知道这些中途死亡的动物将和其他放生的动物一样，由于我们的发心和回向，与佛法结上殊胜的缘分，得到三宝的加持和未来解脱的利益。有些善根比较大的动物会在听闻到佛号或接触系解脱、甘露水后，很快投生善趣。所以，有些动物不幸中途死亡，我们与其无理地自责、懊悔，不如为它们念诵经咒，把放生的功德回向给它们，祈愿它们早生善趣或净土。

　　动物的生命力有强有弱，比如说鱼，有些鱼能够承受比较远途的运输颠簸，氧气不足也不会马上死，而有些鱼则不太容易存活，尽管如此，我们还是应该平等地解救它们，不能心存好恶取舍。我们的发心不是减少它们的痛苦么？大家想一想，一条鱼，即使不幸死在放生过程中，它所承受的痛苦也远远小于留在菜市场活活被人剥皮抽筋、挖心掏肺的痛苦。更何况，它们还受到法布施，结下未来解脱的因缘。

　　问：为了赶时间，我经常一边提着放生的动物飞奔，一边念仪轨，而袋子都没打开，我很担心它们听不到，怎么办？

　　答：最好让被放的众生听到念诵的声音，这样它们能得到听闻佛号、心咒的功德。但是无论被放众生能否听到念诵声，我们如理回向，它们都会得到利益。

　　问：怎样放生能具足六度？

　　答：大乘菩萨所有的行为可以归摄为六度，而行持一种善法也可以同时具足六度。以放生为例：

　　第一，布施。大乘菩萨的布施有三种：无畏布施、法布施、财布施。放生本身是无畏布施；通过佛教的放生仪式让有情得到佛法的熏染，使它们获得暂时与究竟的利益，是法布施；施财令有情离苦得乐，是财布施。这三种布施当中，法布施是最为重要的。

第二，持戒。如法放生是让有情获得暂时和究竟的利益，这符合以利益众生为核心的大乘戒律。在运输、放生过程中，尽量轻拿轻放，避免让动物受伤或受到惊吓等，与不伤害众生的戒律相一致。

第三，忍辱。放生时会遇到一些违缘，比如你刚把鱼放生，就有人拿着渔网、鱼竿闻讯赶来捕捞，或者有人故意制造事端，阻止你放生，遇到这种情况不要生嗔恨心，与人争吵，而应该好言相劝并积极寻找解决办法。很多时候，我们放生还需要忍受疲劳、饥饿、严寒酷暑等，这些都是忍辱。

第四，精进。精进是对修法生起欢喜心。对放生活动积极主动，充满欢喜向往，就具备了精进度。

第五，禅定。在放生过程中无论是搬运动物还是其他劳作，无论是念诵、观想、祈祷，还是修慈悲心、菩提心，始终认认真真，心不外散，这就具足了禅定。

第六，智慧。懂得放生的殊胜功德，这是一种智慧。再进一步，有三轮体空的见解以及证悟，就更是智慧。

问：有人说，放了一种生命，以后就不可以吃了，是这样的吗？

答：吃素很好，希望大家有条件的话都尽量吃素。吃素主要是出于慈悲，放生也是出于慈悲，两者都是因为慈悲。不能说不吃某种动物的肉是因为放生过这种动物，也不能说放生某种动物是因为不吃这种动物的肉，无论放没放过生，都应该尽量不吃肉。

问：放生后的动物吃掉了其他动物，这是我们的过失吗？

答：这样的情况可能发生，但是如果救某人以后此人再造恶业，我们就不救人了吗？我们发心解救生命是没有过失的，至于每一个有情各自有各自的因缘业报。因果不虚。

问：对市场上的那些人工饲养的畜禽，怎么放生？

答：可以大家集资建立放生池或动物欢喜园，或者拜托可靠的人喂养这些畜禽直到它们自然死亡。像每年秋冬之交大肆屠宰牦牛的时节，我们都会在屠宰厂买下很多牦牛，为它们念诵经咒，用甘露水、系解脱等加持，然后运送到藏地托付给诚实可靠的牧民饲养。有利他的发心最为重要。

问：遇到捕杀放生动物的人，怎么办？

答：放生时遇到这样的人，应该以善言相劝，不要对他们生起嗔恨。他们是因无知而造杀业的，实际上他们更可怜。

问：吃素与放生的关系怎样？

答：吃素具备自他二利的功德。吃素不仅对自身有很大益处，还间接起到放生护生的作用。因为吃肉的人少了，被杀来供人食用的动物也就会相对减少。希望大家尽量吃素。

问：环境保护与护生放生的关系如何？

答：环境保护与护生放生有着非常密切的关系。良好的环境为动物提供了适宜生存的家园，也为放生提供了便利条件。如果我们周围都是青山绿水，那么放生会容易很多，我们不必担心动物被放到污染严重的环境中，很快便生病或死亡。生态环境被污染、被破坏，不仅动物深受其害，人类自身也难逃厄运。反过来，放生护生有利于维护生态物种的平衡，从而为保护整个环境做出贡献。环境保护与放生护生是互依互利的。

希阿荣博

藏历铁虎年六月二十一日地藏王菩萨节日

2010 年 8 月 1 日

修订完成

后记

　　写作始终是很辛苦的一件事，更别提跨语系写作了！

　　身为藏传佛教上师的希阿荣博堪布，因着多年前去五台山的因缘，开始和内地弟子们接触、谈话，在这些时断时续的交流中，堪布看到了我们强烈的烦恼和痛苦，也看到了很多人对藏传佛教的不了解，于是近年来通过菩提洲网站，写下一篇篇开示。

　　因缘的确不可思议，今天的这本书就是那些开示的结集。

　　从第一篇文章开始在网上流传后，一个个真实的故事也在展开，正如书名所寓意的那样：

　　花，终于开始次第开放。

格萨尔王

ཨི་གི་ཉི་ཤུ་རྩ་དྲུག་པ་འདི་དཔེ་ཆའི་ཆ་ནང་དུ་བཞག་ན་དཔེ་ཆ་དེ་ཉིད་འདུར་
བགྲོམས་ཀྱང་ཉེས་པ་མི་འབྱུང་བར་འཆམ་དཔལ་རྩ་རྒྱུད་ལས་གསུངས་སོ།།

此咒置經書中　可滅誤跨之罪